1. Kapitel
Einführung

Die (Einzel-) Zwangsvollstreckung – geregelt im 8. Buch der ZPO und dem ZVG (vgl. § 869) – ist die zwangsweise Durchsetzung (oder Sicherung) privater titulierter Ansprüche mit staatlichen Machtmitteln.

Sie ist von der (in der Insolvenzordnung geregelten) Gesamtvollstreckung zu unterscheiden: Während es bei der **Gesamt**vollstreckung zu einer Verwertung des gesamten Schuldnervermögens und gleichmäßigen Aufteilung des Erlöses auf die Gläubiger kommt (vgl. § 1 InsO), vollstreckt der Gläubiger bei der **Einzel**vollstreckung ungeachtet der Ansprüche anderer in einzelne pfändbare Vermögensgegenstände des Schuldners.

Das Vollstreckungsverfahren (="Recht durchsetzen") ist als selbständiger Teil des Zivilprozesses zudem **vom Erkenntnisverfahren** (="Recht bekommen") **abzugrenzen:**

Grundsätzlich wird der im vorausgegangenen Erkenntnisverfahren erstrittene (Leistungs-) Titel im anschließenden Vollstreckungsverfahren durchgesetzt.

Ein vorgeschaltetes Erkenntnisverfahren ist jedoch nicht zwingende Voraussetzung für eine Vollstreckung, da es neben den (Leistungs-) Endurteilen (vgl. § 704) noch weitere (Vollstreckungs-) Titel gibt, mit deren Hilfe der verbriefte Anspruch ohne Durchführung eines Klageverfahrens durchgesetzt werden kann (z.B. der Vollstreckungsbescheid oder die vollstreckbare Urkunde, § 794 I Nr. 4, 5).

Umgekehrt ist die Vollstreckung nicht zwingende Folge des Erkenntnisverfahrens, da der Schuldner auch freiwillig leisten kann.

Letztlich ist es nicht erforderlich, dass ein vorgeschaltetes Erkenntnisverfahren bei Beginn der Zwangsvollstreckung bereits abgeschlossen ist. Beide Verfahren können teilweise nebeneinander geführt werden, wenn der Gläubiger aus einem vorläufig vollstreckbaren Urteil (vgl. §§ 708 ff.) die Vollstreckung betreibt und der Schuldner ein Rechtsmittel gegen dieses Urteil eingelegt hat. Die Rechtsmitteleinlegung hemmt zwar den Eintritt der formellen Rechtskraft (§ 705 S. 2), aber nicht die Vollstreckung (vgl. § 719).

Die **Bezeichnung der Parteien** des Vollstreckungsverfahrens ist nicht (wie im Erkenntnisverfahren) Kläger und Beklagter, sondern (Vollstreckungs-) **Gläubiger** und (Vollstreckungs-) **Schuldner**.

Das hat zum einen seinen Grund darin, dass der Kläger des Erkenntnisverfahrens nicht zwingend auch der Gläubiger des Vollstreckungsverfahrens ist. Auch der Beklagte kann Gläubiger und der Kläger kann Schuldner sein, z.B. wenn die Klage abgewiesen wird und der obsiegende Beklagte aus dem Kostenfestsetzungsbeschluss (vgl. § 794 I Nr. 2) vollstreckt. Außerdem muss der Vollstreckung – wie gesehen – nicht unbedingt eine Klage vorausgegangen sein. Schließlich kann die Vollstreckung unter gewissen Voraussetzungen auch für und/oder gegen andere als die im Titel benannten Personen durchgeführt werden. Das ist u.a. dann der Fall, wenn der Rechtsnachfolger einer Prozesspartei gegen die andere Prozesspartei oder deren Rechtsnachfolger die Vollstreckung betreibt (vgl. § 727).

2. Kapitel
Die Zwangsvollstreckung im Überblick

Jede Art der (Einzel-) Zwangsvollstreckung setzt voraus, dass die Zwangsvollstreckungsvoraussetzungen vorliegen. D.h. das Vollstreckungsorgan hat stets zu prüfen, ob überhaupt vollstreckt werden darf (unten I).

Diese Voraussetzungen sowie generell allgemeine Bestimmungen über die Voraussetzungen, Durchführung und Rechtsbehelfe der Zwangsvollstreckung (ZV) sind (im Wesentlichen) in den §§ 704-802 geregelt (sog. "AT des 8. Buches").

Daneben hat das Vollstreckungsorgan darauf zu achten, dass die konkrete Vollstreckungsmaßnahme ordnungsgemäß durchgeführt wird (sog. "BT des 8. Buches", geregelt in den unter II näher aufgeschlüsselten §§ 802a-898).

I. Die Zwangsvollstreckungsvoraussetzungen ("Ob")

lassen sich in folgende Kategorien aufgliedern:

- **allgemeine** Vollstreckungsvoraussetzungen (3. Kap.)
  - Antrag des Gläubigers an das zuständige Vollstreckungsorgan (§§ 753 ff.)
  - Titel (insb. §§ 704, 794)
  - Klausel (§§ 724 ff.)
  - Zustellung (§ 750)
- **besondere** Vollstreckungsvoraussetzungen (4. Kap.)
- Vollstreckungs**hindernisse** (5. Kap.)

II. Die Durchführung ("Wie")

Bei der konkret durchzuführenden Vollstreckungsmaßnahme richten sich die zu beachtenden Vorschriften maßgeblich nach dem **Inhalt des Titels und** (bei der ZV aus Zahlungstiteln) nach **dem Vollstreckungsgegenstand (="wegen was wird in was vollstreckt!")**.

Den besten Überblick über die einzelnen Vollstreckungsarten liefert das Gesetz selbst:

1. Zwangsvollstreckung wegen Geldforderungen, d.h. Zahlungstitel (§§ 802a – 882h)

- allgemeine Vorschriften (§§ 802a-802l)
- **in** das bewegliche Vermögen (§§ 803 – 863)
  - körperliche Sachen (§§ 808 – 827)
  - Forderungen (§§ 828 – 845)
  - Herausgabeansprüche (§§ 846 - 849 i.V.m. §§ 829 ff.)
  - andere Vermögensrechte (§§ 857 – 863 i.V.m. §§ 829 ff.)
- **in** das **un**bewegliche Vermögen (§§ 864 – 871)

Inhaltsverzeichnis

Ohne Gesetzesbezeichnung zitierte Paragraphen sind solche der ZPO

Vorwort

Das vorliegende Buch erhebt nicht den Anspruch der Wissenschaftlichkeit eines Lehrbuchs, es will vielmehr als **Lern**buch verstanden sein. Ziel ist es, den für das erste und zweite juristische Staatsexamen erforderlichen Wissensstoff des Vollstreckungsrechts in konzentrierter Form zu vermitteln. Zu diesem Zweck dient die umfassende, systematische Darstellung aller wesentlichen Strukturen und Streitstände in **drei** großen **Blöcken:**

- **Stoffvermittlung** unmittelbar für die Falllösung auf den Punkt gebracht!
- **Wiederholungs- bzw. Verständnisfragen** zur Selbstkontrolle!
- **Fallbearbeitung**! Ob im Studium, Examen, Referendariat oder auch später in der Praxis, stets wird der Jurist mit einem Fall konfrontiert, den er zu bearbeiten hat. Das Erlernen der Anwendung des Stoffes auf den konkreten Fall ist daher unerlässlich.

Über Anregungen, Kritik und Verbesserungsvorschläge freue ich mich und werde bestrebt sein, ihnen nach Möglichkeit nachzukommen.
(email: piet-leckl@gmx.de).

Schrifttum und Rechtsprechung sind bis Januar 2018 berücksichtigt worden.

Flensburg, im Januar 2018
Piet Leckl-Niemann

COPYRIGHT: Richter-Verlag
Hans-Peter Richter
Paul-Schroeder-Straße 18
24229 Dänischenhagen
Tel. 04349-1725
Fax 04349-571
e-mail: RICHTER-VERLAG@t-online.de
Website: www.Richter-Verlag.de

Druck und Verarbeitung: SowaDruck, Piaseczno
Umschlaggestaltung: Druckerei Schmidt & Klaunig, Kiel

Weitere Bücher dieser Reihe sind erhältlich über den Buchhandel oder direkt vom Verlag.

6. Auflage 2018

ISBN 978-3-935150-30-9

2. Zwangsvollstreckung wegen Herausgabetitel (§§ 883 – 886)

- Sache befindet sich beim Schuldner oder einen zur Herausgabe bereiten Dritten (§§ 883, 885)
- Sache befindet sich bei einem nicht zur Herausgabe bereiten Dritten (§ 886 i.V.m. §§ 829, 835)

3. Titel geht auf ("ZV wegen") Erwirkung von Handlung oder Unterlassung (§§ 887 - 893)

- vertretbare Handlung (§ 887)
- unvertretbare Handlung (§ 888)
- Unterlassung oder Duldung (§ 890)

4. Titel geht auf ("ZV wegen") Abgabe einer Willenserklärung (§§ 894 - 898)

Mit Eintritt der Rechtskraft des Urteils wird die Abgabe der WE fingiert (§ 894 I S. 1).

Rechtsschutz:

- Eine Vollstreckungsmaßnahme, die die (oben unter I skizzierten) ZV-Voraussetzungen nicht erfüllt oder nicht ordnungsgemäß durchgeführt wird (oben II), ist zwar grds. wirksam aber rechtswidrig und damit (i.d.R. mit der Erinnerung nach § 766 I) anfechtbar. Ausnahmsweise ist der Vollstreckungsakt nichtig, wenn ein besonders schwerwiegender Mangel vorliegt (z.B. wenn ein Titel fehlt).

- Kommt das Vollstreckungsorgan dem Vollstreckungsantrag trotz Vorliegens der ZV-Voraussetzungen nicht nach, so kann sein Handeln erzwungen werden (vgl. § 766 II).

- Ist die ZV formell ordnungsgemäß – liegt also kein Verstoß gegen die oben skizzierten Voraussetzungen vor, der mit der Erinnerung (§ 766) geahndet werden könnte – so kann aber gleichwohl ein Verstoß gegen materielles Recht gegeben sein. Denn das ZV-Verfahren ist streng formalisiert und orientiert sich nur an "Äußerlichkeiten" (mehr dazu später). Der Schuldner kann sich, wenn er z.B. den titulierten Anspruch zwischenzeitlich erfüllt hat, mit der Vollstreckungsabwehrklage nach § 767 gegen die noch andauernde Vollstreckung zur Wehr setzen. Gehört z.B. der gepfändete Gegenstand gar nicht dem Schuldner, so kann der Eigentümer mit der Drittwiderspruchsklage gem. § 771 vorgehen oder Klage auf vorzugsweise Befriedigung nach § 805 erheben (s. ausführlich 11. Kap.). Nach Beendigung der ZV kommen nur noch materielle Ausgleichsansprüche in Betracht (10. Kap.).

3. Kapitel
Die allgemeinen Vollstreckungsvoraussetzungen

Bei jeder Zwangsvollstreckung (ZV) müssen folgende **4 Grundvoraussetzungen** beachtet werden (vgl. 2. Kap. I):

- **Antrag** (unten I)
- **Titel** (unten II)
- **Klausel** (unten III)
- **Zustellung** (unten IV)

I. Antrag (bzw. Vollstreckungsgesuch)

Die ZV kommt nur auf einen (im Gegensatz zu § 269 jederzeit zurücknehmbaren) **Antrag des Gläubigers an das zuständige Vollstreckungsorgan** in Gang (Dispositionsmaxime!).

Dieses Vollstreckungsgesuch ist in §§ 753, 766 II missverständlicherweise als "Auftrag" bezeichnet: Nach dem heutigen Verständnis von der ZV kommt zwischen dem Gläubiger und dem Vollstreckungsorgan kein Auftrag i.S.d. §§ 662 ff. BGB zustande, sondern vielmehr ein öffentlich-rechtliches Verhältnis, aufgrund dessen das Vollstreckungsorgan hoheitlich tätig wird.

Grds. ist Vertretung zulässig. Der Gläubiger muss den Antrag daher nicht persönlich stellen. Die Prozessvollmacht erstreckt sich auch auf die ZV (vgl. § 81; bei anwaltlicher Vertretung ist die Vollmacht nicht von Amts wegen zu prüfen, § 88 II).

Da der Antrag Prozesshandlung ist, setzt er Partei- und Prozessfähigkeit voraus.

Die **Zuständigkeit des Vollstreckungsorgans** bestimmt sich nach dem Inhalt des Titels und dem Vollstreckungsgegenstand:

- Der GV ist für die Geldvollstreckung in körperliche Sachen (vgl. §§ 753 I, 808 I) und die Herausgabevollstreckung (vgl. §§ 883 I, 885 I) zuständig.
- Das Vollstreckungsgericht (§ 764 I) für die Geldvollstreckung in Forderungen (vgl. §§ 828 I, II) und Grundstücke (vgl. § 1 ZVG; Ausnahme: Zwangshypothek). Funktionell handelt i.d.R. der Rechtspfleger (§§ 3 Nr. 3 a, 20 Nr. 17 RpflG).
- Das Prozessgericht des ersten Rechtszuges für die Handlungs-, Duldungs- und Unterlassungsvollstreckung (vgl. §§ 887 I, 888 I, 890 I).
- Das Grundbuchamt für die Eintragung einer Zwangshypothek (vgl. § 867 I). Es wird hierbei in "doppelter" Funktion tätig: Sowohl als Vollstreckungsorgan als auch als Organ der Grundbuchführung nach dem FamFG.

Einzelheiten siehe bei den verschiedenen Vollstreckungsarten.

II. Titel

Vollstreckungstitel sind Entscheidungen und beurkundete Erklärungen, aus denen durch Gesetz die ZV zugelassen wird.

1. Die Titelarten

Zu den Titeln zählen im Einzelnen:

a) Endurteile (§ 300),

sofern sie formell rechtskräftig sind (d.h. weder mit Rechtsmitteln, mit dem Einspruch noch mit der Rüge nach § 321a angefochten werden können; § 705, s. ZPO I 18. Kap. A)

oder für vorläufig vollstreckbar erklärt sind (§ 704).

Der Ausspruch der vorl. Vollstreckbarkeit erfolgt v. Amts wg. in der Urteilsformel gem. §§ 708 ff. Er unterbleibt ausnahmsweise, wenn das Urteil bereits mit Verkündung rechtskräftig ist, die vorl. Vollstreckbarkeit ausdrücklich untersagt ist (wie z.B. in Ehe- und Kindschaftssachen) oder das Urteil kraft Gesetzes vorl. vollstreckbar ist (wie z.B. bei Arbeitsgerichtsurteilen nach § 62 I ArbGG). Ferner ergibt sich aus der Natur des einstweiligen Rechtsschutzes, dass Urteile, durch die Arreste oder einstweilige Verfügungen angeordnet oder bestätigt werden, keines Ausspruchs der vorl. Vollstreckbarkeit bedürfen.

Bei Eintritt der Rechtskraft entfallen die Vollstreckungsbeschränkungen, die sich aus der vorl. Vollstreckbarkeit ergeben: Es kann ohne Sicherheitsleistung vollstreckt werden; eine bereits geleistete Sicherheit wird nach § 715 zurückgewährt.

Wird ein für vorl. vollstreckbar erklärtes Urteil, aus dem bereits die ZV betrieben worden ist, auf Rechtsbehelf hin aufgehoben oder abgeändert, so haftet der Gläubiger dem Schuldner verschuldensunabhängig auf Schadensersatz (§ 717 II).

Merken Sie: Auch Teil- (§ 301), Anerkenntnis- (§ 307), Versäumnis- (§ 331) und Vorbehaltsurteile (§§ 302 III, 599 III) sind Endurteile.

Lediglich stattgebende Leistungs(end)urteile haben einen vollstreckungsfähigen Inhalt. Sonstige (End-) Urteile (also abweisende Urteile, Feststellungs- und Gestaltungsurteile) sind aber hinsichtlich der Kosten vollstreckbar.

b) Titel des § 794 I: Hervorzuheben sind insbesondere:

- **Prozessvergleiche** (§ 794 I Nr. 1), sofern sie einen vollstreckungsfähigen Inhalt haben (s. ZPO I 14. Kap. V)

- **Kostenfestsetzungsbeschlüsse** (§ 794 I Nr. 2)

  In der Urteilsformel wird lediglich festgehalten, welche Partei (zu welchem Anteil) die Kosten des Rechtsstreits trägt, nicht aber wie hoch diese Kosten sind (sog. Kostengrundentscheidung). Die Kostenentscheidung lautet z.B. "Der Beklagte trägt die Kosten des Rechtsstreits" oder "Der Kläger trägt 3/10 und der Beklagte 7/10 der Kosten ....". Auf Grundlage dieser Kostenentscheidung ermittelt der Rechtspfleger in einem gesonderten Verfahren die Höhe des Kostenerstattungsanspruchs der einen gegen die andere Partei und setzt sie in einem Kostenfestsetzungsbeschluss fest (§§ 103 ff., § 21 I Nr.1 RpflG), der dann als Titel in der ZV dient (§ 794 I Nr. 2). Unter den Voraussetzungen des § 105 kann dieser Beschluss auch auf die vollstreckbare Ausfertigung des Urteils gesetzt werden.

- **Vollstreckungsbescheide** (§ 794 I Nr. 4)

  Zur Frage, wie man einen Vollstreckungsbescheid erlangt siehe ZPO I 17. Kap.

- **Vollstreckbare Urkunden** (§ 794 I Nr. 5)

c) Arrestbefehle und einsweilige Verfügungen (**vgl. §§ 922, 936**; s. näher 17. Kap.)

d) Titel außerhalb der ZPO: Zu den wichtigsten zählen

- **Eintragung in die Insolvenztabelle (§ 201 II S. 1 InsO)**
- bestätigter Insolvenzplan i.V.m. Eintragung in die Tabelle (§ 257 InsO)
- **Zuschlagsbeschluss in der Zwangsversteigerung (§§ 93, 132 ZVG)**
- Urteile, Beschlüsse und Vergleiche der Arbeitsgerichte (§§ 62, 85, 109 ArbGG)
- vollstreckbare Urkunden des Jugendamtes (§ 60 I SGB VIII)

2. Vollstreckungsanforderungen an den Titel

Das Vollstreckungsrecht ist vom materiellen Anspruch des Gläubigers gegen den Schuldner gelöst. Der titulierte Anspruch darf von dem Vollstreckungsorgan nicht mehr in Frage gestellt werden. Es ist vielmehr an seinen Inhalt gebunden (sog. **Formalisierung der ZV**), vorausgesetzt der Titel ist überhaupt zur Vollstreckung geeignet. Das ist nur dann der Fall, wenn

- Art und Umfang des zu vollstreckenden Anspruchs und
- jedenfalls die ursprünglichen Parteien der ZV, also Gläubiger und Schuldner

hinreichend bestimmt sind. Es muss also erkennbar sein, **wer was von wem** will.

Bei Unklarheiten hat das Vollstreckungsorgan den Titel (bzw. den Tenor) auszulegen, wobei sich allerdings die zur Auslegung herangezogenen Umstände aus dem Titel selbst ergeben müssen. Es ist dem Vollstreckungsorgan grds. versagt, auf außerhalb des Titels liegende Umstände zurückzugreifen. Verbleiben trotz Auslegung Zweifel, so darf nicht vollstreckt werden; der Titel ist nicht der materiellen Rechtskraft fähig und somit nicht vollstreckbar (BGH 122, 16 17 f.).

Dem Gläubiger bleibt dann lediglich die Möglichkeit, auf Feststellung des Titelinhalts zu klagen. Das Rechtschutzbedürfnis (=Feststellungsinteresse) ergibt sich aus der mangelnden Vollstreckungsfähigkeit des Titels. Der ursprüngliche Titel, kombiniert mit dem klarstellenden Feststellungsurteil, bildet dann eine ausreichende Vollstreckungsgrundlage. Für den Fall, dass auch die Feststellungsklage keine Klarheit verschafft, muss der Gläubiger nochmals auf Leistung klagen. Eine eventuelle Rechtskraft des ersten Titels steht dieser Klage mangels Vollstreckbarkeit nicht entgegen. Aus demselben Grund ist auch hier ein Rechtschutzbedürfnis gegeben.

Für den umgekehrten Fall, dass trotz fehlender Vollstreckbarkeit des Titels die ZV betrieben wird, kann der Schuldner analog § 767 I beantragen, die ZV aus dem Titel für unzulässig zu erklären (BGH 124, 164 170; OLG Koblenz NJW-RR 02, 1509).

Einzelfälle:

- Bei einer **Zug um Zug Verurteilung** muss die zu erbringende Gegenleistung derart bestimmt sein, dass sie ihrerseits Gegenstand einer Leistungsklage und eines Leistungsurteils sein könnte.
- **Bruttolohntitel** sind nach ü.A. bestimmt genug. Hat der Schuldner Steuern oder Sozialabgaben abgeführt, so muss er dies gem. §§ 775 Nr. 4, 5 oder § 767 geltend machen.
- Bei einem **Titel auf Vornahme einer vertretbaren Handlung** muss lediglich der Leistungserfolg genau bestimmt sein. Auf welche Weise der Schuldner diesen Erfolg herbeiführt, bleibt ihm überlassen.

3. Vollstreckung in besondere Vermögensmassen

Steht dem Titel eine Vermögensmasse mit mehreren Berechtigten gegenüber, so stellt sich die Frage, gegen wen sich der Titel richten muss (allein gegen den Schuldner oder gegen sämtliche Berechtigte).

a) BGB-Gesellschaft (§ 705 BGB): Will der Gläubiger in das Gesamthandsvermögen einer GbR vollstrecken, so benötigt er einen **Titel gegen alle Gesellschafter, § 736**.

Statt eines einzigen Titels, in dem alle Gesellschafter als Schuldner aufgeführt sind, sind auch verschiedene Titel gegen alle Gesellschafter ausreichend, sofern diese auf demselben Rechtsgrund beruhen.

Bsp.: *S1 und S2 haben sich zu der bauwirtschaftlichen Arbeitsgemeinschaft X in Form einer BGB-Gesellschaft zusammengeschlossen. G erwirkt gegen S1 einen Vollstreckungsbescheid über 2.500 € und gegen S2 ein für vorl. vollstreckbar erkl. Endurteil über die gleiche Summe wegen Baumängeln an dem von S1 und S2 errichteten Gebäude.*

Da G gegen sämtliche Gesellschafter einen Titel hat, der auf demselben Rechtsgrund beruht, kann er in das Gesellschaftsvermögen vollstrecken. Ist jedoch beispielsweise, nachdem G Klage gegen S2 erhoben hat, eine Dritte Person in die Gesellschaft eingetreten, so muss G sich auch gegen diesen Gesellschafter einen Titel verschaffen, um in das Gesellschaftsvermögen vollstrecken zu können, da dem Dritten ein Anteil am Gesellschaftsvermögen angewachsen ist. Geht G im Ausgangsbeispiel lediglich jeweils aus einem Titel vor, so kann er nur in das Privatvermögen, des in dem Titel bezeichneten Schuldners vollstrecken (Beachte: Hierzu zählt auch der Geschäftsanteil, § 859).

Nach neuerer Rspr., die die Parteifähigkeit der BGB-Gesellschaft anerkennt, soll sogar zur Vollstreckung in das Gesellschaftsvermögen ein Titel gegen die BGB-Gesellschaft als solche genügen (BGH NJW 01, 1056). Danach ist ein gegen die Gesamtheit der gesamthänderisch verbundenen Gesellschafter als Partei ergangenes Urteil ein Urteil "gegen alle Gesellschafter" i.S.d. § 736. Dies ist nur schwer mit dem Wortlaut des § 736 zu vereinbaren (vgl. § 735).

b) OHG , KG: Hier reichen, anders als bei der BGB-Gesellschaft, (Einzel-)Titel gegen die Gesellschafter nicht aus, um in das Gesellschaftsvermögen vollstrecken zu können; es ist vielmehr ein gegen die Gesellschaft gerichteter Titel nötig (§§ 124 II, 161 II HGB).

Will der Gläubiger hingegen gegen einzelne Gesellschafter vorgehen, so müsste er an sich einen Titel gegen diese erwirken (§ 129 IV HGB). Da jedoch der einzelne Gesellschafter persönlich für die Verbindlichkeiten der Gesellschaft haftet (§ 128 HGB), kann aufgrund eines gegen die Gesellschaft gerichteten Titels auch in das Privatvermögen einzelner Gesellschafter vollstreckt werden. Eine Berufung auf § 129 IV HGB würde eine nach § 242 BGB unzulässige Rechtsausübung darstellen (h.M.: BGH NJW 81, 1835 a.A. u.a. Brox/Walker Rn. 34). Dies führt praktisch zu einer Aushöhlung des § 129 IV HGB.

c) Nichtrechtsfähiger Verein: Es genügt sowohl ein gegen den Verein gerichteter Titel (§ 735) als auch gleichlautende Titel wegen einer Vereinsschuld gegen sämtliche Vereinsmitglieder (Brox/Walker Rn. 33).

III. Klausel, §§ 724 ff.

Die Vollstreckungsklausel ist die **amtliche Bescheinigung, dass der Titel vollstreckbar ist**. Sie wird auf eine Ausfertigung des Titels gesetzt (§ 724 I, sog. vollstreckbare Ausfertigung).

Wortlaut: "Vorstehende Ausfertigung wird dem....zum Zwecke der ZV erteilt" (s. § 725).

Sinn und Zweck: Die Klausel **erspart dem Vollstreckungsorgan umfangreiche Prüfungen**, ob ein vollstreckungsfähiger Titel vorliegt (Formalisierung der ZV!). Zum anderen **schützt** sie **den Schuldner** davor, aus anderen Ausfertigungen des Titels und somit mehrfach in Anspruch genommen zu werden, da grds. nur eine vollstreckbare Ausfertigung erteilt wird (vgl. § 733). Grds. bedürfen daher alle Titel zur Vollstreckung einer Klausel.

Sie ist nur **entbehrlich bei**

- **Vollstreckungsbescheiden (§ 796 I)**,
  es sei denn, es ist eine titelübertragende Klausel nach §§ 727 ff. erforderlich.
- **Arrestbefehlen und einstweiligen Verfügungen (§§ 929 I, 936)**,
  es sei denn, es ist eine titelübertragende Klausel nach §§ 727 ff. erforderlich.
- **unselbständigen Kostenfestsetzungsbeschlüssen (§§ 105, 795 a)**

Das **Klauselerteilungsverfahren** selbst **gehört** noch **nicht zum Vollstreckungsverfahren**, sondern geht diesem als ein die ZV vorbereitender Akt voraus. Es schlägt sozusagen die Brücke zwischen Erkenntnis- und Vollstreckungsverfahren.

Zu unterscheiden sind

- **einfache** (§§ 724, 725) und
- **qualifizierte**, d.h. titelergänzende (§ 726) und titelübertragende (§§ 727 ff.) Klauseln.

1. Die einfache Klausel, §§ 724, 725

Sie wird auf Antrag des Gläubigers vom **Urkundsbeamten der Geschäftsstelle** (UrkB) des zuständigen Prozessgerichts – nicht Vollstreckungsgerichts - erteilt (§ 724 II), wenn nicht die Voraussetzungen einer qualifizierten Klausel vorliegen.

Erteilt der UrkB die Klausel, obwohl die besonderen Voraussetzungen einer qualifizierten Klausel gegeben sind, so ist die Klausel unwirksam (KG InVo 00, 65 67 mwN, Thomas/Putzo § 724 Rn. 5, a.A. OLG Zweibrücken Rpfl. 97, 369 mwN). Es ist dagegen unschädlich, wenn der Rechtspfleger die einfache Klausel statt des UrkB erteilt (§ 8 V RpflG).

Die **Voraussetzungen** im Einzelnen:

- **Antrag**,
  der formlos bei dem Prozessgericht zu stellen ist.
- **Titel**
  Es ist ein wirksamer vollstreckungsfähiger Titel erforderlich (s.o. I).
- Es dürfen **nicht die besonderen Voraussetzungen des § 726** vorliegen;
  andernfalls muss der Rechtspfleger eine titelergänzende Klausel erteilen (§ 726, § 20 Nr. 12 RpflG; s. dazu unten 2.).
- **Parteiidentität**,
  d.h. die Parteien des Titels und des Vollstreckungsverfahrens müssen identisch sein.
  Sonst muss der Rechtspfleger eine titelübertragende Klausel erteilen (§§ 727 ff., § 20 Nr. 12 RpflG; s. dazu unten 3.).

2. Die titelergänzende Klausel, § 726

Damit der Rechtspfleger (§ 20 Nr. 12 RpflG) die titelergänzende Klausel erteilen darf, müssen neben den Voraussetzungen einer einfachen Klausel (Antrag, Titel und Parteiidentität) gem. § 726 zusätzlich folgende Erfordernisse erfüllt sein:

- Die Vollstreckung muss von einer vom Gläubiger zu beweisenden Tatsache abhängig sein.
  Ausnahmen – d.h. der UrkB erteilt die einfache Klausel - wenn die Vollstreckung von einer dem Gläubiger obliegende Sicherheitsleistung **(§§ 726 I, 751 II)**, einer kalendermäßigen Befristung **(§ 751 I)** und/oder von einer Zug um Zug zu bewirkenden Leistung des Gläubigers abhängt, es sei denn, die dem Schuldner obliegende Leistung besteht in der Abgabe einer Willenserklärung **(§ 726 II)**.

- Der Nachweis der zu beweisenden Tatsache ist durch öffentliche oder öffentlich beglaubigte Urkunden erfolgt.

  Ausnahmen: Der Eintritt der Tatsache ist offenkundig (§ 291) oder wird vom Schuldner zugestanden (§§ 730, 288).

  Bsp.: *Der Mieter hat sich durch gerichtlichen Vergleich zur Räumung verpflichtet, wenn der Vermieter Ersatzwohnraum nachweist (§§ 795 S. 1, 726 I). Gesteht der Mieter im Rahmen seiner Anhörung nach § 730 den Nachweis zu, so ist der Nachweis durch geeignete Urkunden entbehrlich.*

3. Die titelübertragende Klausel, § 727 ff.

Sind die Parteien des Vollstreckungsverfahrens nicht identisch mit den Parteien des Titels, so wird bei Vorliegen der formellen Voraussetzungen der Klauselerteilung (Antrag, Titel und Nichtvorliegen der besonderen Voraussetzungen des § 726) vom Rechtspfleger die titelübertragende Klausel erteilt (§ 20 Nr. 12 RpflG), wenn

- **Rechtsnachfolge** auf Kläger- oder/und Beklagtenseite
- **nach Rechtshängigkeit** (§§ 261 I, 253 I) eingetreten ist
- Rechtsnachfolge **durch öffentliche oder öffentlich beglaubigte Urkunden nachgewiesen** (§ 727 I), offenkundig (§§ 727 II, 291) oder zugestanden ist (§§ 730, 288).

Merken Sie: Bei Vorliegen der Voraussetzungen der § 727 ff. fehlt einer neuen Klage das RSB, weil die Titelumschreibung der einfachere und billigere Weg ist (vgl. ZPO I 12. Kap. I).

Auf Gläubigerseite genügt jede Art von Rechtsnachfolge nach Rechtshängigkeit.

***Bsp.**: Eigentumswechsel, Erbfall, Abtretung, gesetzlicher Forderungsübergang, Pfändung.*

Auf **Schuldnerseite** hingegen muss sich die **Rechtskraft nach § 325 auf den Rechtsnachfolger erstrecken** (Zur Rechtskrafterstreckung gem. § 325 s. ZPO I 18. Kap. B III 1). Der Einwand des gutgläubigen rechtskraftfreien Erwerbs gem. § 325 II wird im Klauselverfahren jedoch nicht berücksichtigt. Hierfür stehen die speziellen Rechtsbehelfe der §§ 732, 768 zur Verfügung (s. dazu u. 6. Kap. B).

***Bsp.**: K klagt gegen B auf Herausgabe aus § 985 BGB. Nach Rechtshängigkeit veräußert B die streitbefangene Sache an R, der weder von der wahren Eigentumslage noch von der rechtshängigen Klage weiß. B wird zur Herausgabe verurteilt. Trotz der doppelten Gutgläubigkeit (§ 325 II i.V.m. §§ 929, 932 BGB) des R wird dem K auf Antrag die titelübertragende Klausel erteilt werden, wenn die Rechtsnachfolge i.S.v. § 727 I beweisbar oder offenkundig ist oder R sie zugesteht. R kann sich jedoch mit der Klauselerinnerung (§ 732) oder Klauselgegenklage (§ 768) zur Wehr setzen.*

Kann der Gläubiger den nach §§ 726, 727 ff. erforderlichen Urkundsbeweis nicht erbringen, so muss er zur Erwirkung der qualifizierten Klausel gem. § 731 die in den Beweismitteln nicht beschränkte Klauselerteilungsklage erheben (s. dazu näher 6. Kap. A III).

Beachte die Sonderregelungen der §§ 728, 729.

IV. Zustellung, § 750

Die Zustellung des Titels – u.U. auch der Klausel (vgl. § 750 II) – muss spätestens mit Beginn der ZV erfolgen (§ 750 I). Die Zustellung selbst ist in §§ 166 ff. geregelt.

Ausnahmsweise ist sie wegen des Überraschungseffekts **entbehrlich** bei

- Arrest und eintsweiliger Verfügung (§§ 929 III, 936)
- Vorpfändung (§ 845 I S. 3)

oder es ist nach der Zustellung eine **Wartefrist** einzuhalten bei

- der Sicherungsvollstreckung gem. §§ 750 III, 720 a
- Beschlüssen nach § 798.

4. Kapitel
Die besonderen Vollstreckungsvoraussetzungen

Ggf. sind neben den vier Grundvoraussetzungen der ZV noch besondere Voraussetzungen - die sich aus dem jeweiligen Inhalt des Titels ergeben müssen – vom Vollstreckungsorgan festzustellen, bevor es mit der ZV beginnen darf (also nur prüfen, wenn Anlass besteht). Es bedarf nicht etwa bereits eines besonderen Nachweises im Klauselerteilungsverfahren; der UrkG erteilt vielmehr sogleich eine einfache Klausel (vgl. § 726).

Zu den besonderen Vollstreckungsvoraussetzungen zählen im Einzelnen

- der **Eintritt eines** (bestimmten oder bestimmbaren) **Kalendertages (§ 751 I)**.
  Die ZV darf dann erst mit Ablauf dieses Tages beginnen (Ausnahme: sog "Vorratspfändung" nach § 850 d III). In der Praxis finden sich Bestimmungen i.S.d. § 751 I insbesondere in Urteilen auf künftige Leistung (§§ 257 ff.), in Prozessvergleichen (§ 794 I Nr. 1) und vollstreckbaren Urkunden (§ 794 I Nr. 5) mit Fälligkeitsvereinbarungen sowie in Räumungsurteilen (vgl. § 721).

  Bsp. *(für Urteil auf künftige Leistung): "Der Beklagte wird verurteilt, an den Kläger monatlich 300 €, fällig am ersten Werktag eines jeden Monats, zu zahlen." Die ZV darf hier wegen einer fälligen Rate frühestens am zweiten Werktag des Monats beginnen.*

- der **Nachweis der Sicherheitsleistung (§ 751 II)**.
  Hängt die ZV von einer dem Gläubiger obliegenden Sicherheitsleistung ab (vgl. insb. §§ 709, 711 S. 1), so darf die ZV gem. § 751 II nur begonnen (oder fortgesetzt) werden, wenn die Sicherheitsleistung durch eine öffentliche oder öffentlich beglaubigte Urkunde nachgewiesen und eine Abschrift dieser Urkunde bereits zugestellt ist oder gleichzeitig zugestellt wird (Ausnahme: Sicherungsvollstreckung nach § 720 a).

  Das Gericht bestimmt nach freiem Ermessen Art und Höhe der Sicherheitsleistung (§ 108 I S. 1). Soweit das Gericht eine Bestimmung nicht getroffen hat und die Parteien ein anderes nicht vereinbart haben, ist die Sicherheit durch Hinterlegung oder Bankbürgschaft zu leisten (vgl. näher § 108 I S. 2). Bei der Sicherheitsleistung durch Hinterlegeung genügt zum Nachweis die Bescheinigung (bzw. das Protokoll) der Hinterlegungsstelle. Bei der Bankbürgschaft ist Schriftform einzuhalten und die Übergabe an den Schuldner durch den GV erforderlich (s. vertiefend Lackmann Rn. 85).

- das **Angebot der Gegenleistung (§§ 756, 765)**.
  Sofern der Schuldner nach dem Inhalt des Titels nur zur Leistung Zug um Zug verpflichtet ist, darf mit der ZV erst begonnen werden, wenn der Schuldner befriedigt ist oder sich im Verzug der Annahme befindet und dies durch öffentliche oder öffentlich beglaubigte Urkunden nachgewiesen und eine Abschrift bereits zugestellt ist oder gleichzeitig zugestellt wird. Bei der GV-Vollstreckung ist der Urkundenbeweis entbehrlich, wenn dem Schuldner zuvor die Leistung durch den GV in einer den Annahmeverzug begründenden Weise angeboten worden ist (§ 756 I) oder der Schuldner auf das wörtliche Angebot des GV erklärt, er werde die Leistung nicht annehmen (§ 756 II). Beachte: § 756 gilt nur für Pfändung durch den GV, § 765 hingegen für die Vollstreckung durch ein anderes Organ.

5. Kapitel
Keine Vollstreckungshindernisse

Sofern von den Beteiligten der ZV (allgemeine) Hindernisse, die der Vollstreckung entgegenstehen, eingewandt werden oder sie dem Vollstreckungsorgan auf andere Weise dienstlich bekannt werden, hat es die ZV einzustellen oder gar nicht erst zu beginnen (also nur prüfen, wenn Anhaltspunkte vorliegen).

Zu den wichtigsten (allgemeinen) Vollstreckungshindernissen gehören

- **Eröffnung des Insolvenzverfahrens** über das Vermögen des Schuldners **(§ 89 I InsO)**
- die **Beschränkung oder Einstellung der ZV nach §§ 775, 776**
  - **§ 775 Nr. 1 u. Nr. 2:** Vorlage einer gerichtlichen Entscheidung, wonach auf Rechtsbehelf des Schuldners die ZV einstweilen (z.B. §§ 707, 719) oder endgültig (z.B. abänderndes Berufungsurteil oder stattgebendes Urteil nach § 767 oder § 771) einzustellen ist.
  - **§ 775 Nr. 3:** Nachweis, dass die zur Abwendung der ZV erforderliche Sicherheitsleistung (vgl. § 711 S. 1) erbracht ist.
  - **§ 775 Nr. 4 u. Nr. 5:** Zahlungsnachweise des Schuldners.
- **vollstreckungsbeschränkende Verträge**.

Wiederholungsfragen zum 1. - 5. Kapitel

1. Welche Systematik liegt der Regelung der (Einzel-) Vollstreckung im 8. Buch der ZPO zu Grunde?	Der 1. Abschnitt (§§ 704-802) enthält allg. Vorschriften ("AT"). Die Abschnitte 2 u. 3 (§§ 802a-898) regeln die einzelnen Vollstreckungsmaßnahmen ("BT"): ZV wegen Geldforderungen (§§ 802a-882a) u. ZV wegen "sonstiger Ansprüche" (§§ 883-898); zur weiteren Untergliederung s. Schaubild Nr. 1 im Anhang. Der 4. Abschnitt (§§ 899-915h) ist weggefallen u. der 5. Abschnitt (§§ 916-945) enthält Regelungen zum vorl. Rechtsschutz.
2. G erwirkt gegen S ein für vorl. vollstreckbar erklärtes Leistungsurteil. S legt hiergegen in dem Glauben Berufung ein, er könne so die Vollstreckung vorerst verhindern Sind S Überlegungen richtig?	Nein, denn die Rechtsmitteleinlegung hemmt lediglich den Eintritt der formellen Rechtskraft (§ 705 S.2), nicht aber die Vollstreckung (vgl. § 719). S muss daher die einstweilige Einstellung der ZV beantragen (§§ 707, 719).
3. Warum ist die vorl. Vollstreckbarkeit gem. § 709 (mit Ausnahme der in § 708 geregelten Fälle) nur gegen Sicherheitsleistung zulässig?	Weil durch die Sicherheitsleistung ein möglicher Anspruch des Schuldners aus § 717 II gesichert werden soll. Es besteht ja die Möglichkeit, dass der Titel in der nächsten Instanz abgeändert o. aufgehoben wird. Daher kann erst nach Eintritt der formellen Rechtskraft ohne Sicherheitsleistung vollstreckt werden; eine bereits geleistete Sicherheit wird dann zurückgewährt (§ 715).

4. Nennen Sie die 4 Vollstreckungsorgane?

GV (§ 753 I), Vollstreckungsgericht (§ 764 I), Prozessgericht des 1. Rechtszuges (§§ 887, 888, 890) u. Grundbuchamt (§ 867).

5. Ist der Rpfl. nicht auch ein Vollstreckungsorgan?

Er ist Teil des Vollstreckungsgerichts. Vollstreckungsorgan ist daher das Vollstreckungsgericht. Funktionell handelt allerdings i.d.R. der Rpfl. (vgl. §§ 3 Nr.3a, 20 Nr.17 RpflG).

6. Warum ist der UrkB nicht auch Vollstreckungsorgan?

Er ist lediglich für die Klauselerteilung zuständig (§ 724 II). Das Klauselerteilungsverfahren gehört aber nicht zum Vollstreckungsverfahren, es geht diesem als ein die ZV vorbereitender Akt voraus. Folglich kann er auch nicht Vollstreckungsorgan sein. Denn Vollstreckungsorgan ist nur das staatliche Organ, das die ZV durchführt.

7. Ist für die ZV aus einem Prozessvergleich die Erteilung einer Klausel erforderlich?

Ja, das ergibt sich aus § 795. Danach sind die §§ 724 ff. grds. auf die Titel des § 794 entsprechend anwendbar.

8. S, der Klageabweisung beantragt hatte, wird nach Durchführung der Beweisaufnahme und Wiederholung der Anträge gem. dem Klageantrag des G zur Zahlung von 800 € Zug um Zug gegen Herausgabe eines Sofas verurteilt. G "beauftragt" nach Erteilung einer vollstreckbaren Ausfertigung den GV mit der ZV. Dieser begibt sich zu S u. bietet ihm das Sofa wörtlich an. Daraufhin erklärt S sich zur Annahme des Sofas bereit. Darf der GV mit der ZV beginnen, ohne dem S das Sofa tatsächlich anzubieten?

Nein, denn es fehlt eine besondere Vollstreckungsvoraussetzung. Ist der Schuldner nach dem Inhalt des Titels nur zur Leistung Zug um Zug verpflichtet, darf mit der ZV erst begonnen werden, wenn der Schuldner befriedigt ist o. sich im Verzug der Annahme befindet u. der Annahmeverzug durch öffentliche o. öffentlich beglaubigte Urkunden nachgewiesen ist u. eine Abschrift dieser Urkunde bereits zugestellt ist o. gleichzeitig zugestellt wird. Der Urkundenbeweis ist nur dann entbehrlich, wenn dem Schuldner zuvor die Leistung in einer den Annahmeverzug begründenden Weise angeboten worden ist (§ 756 I) o. der Schuldner auf das wörtliche Angebot des GVs erklärt, er werde die Leistung nicht annehmen (§ 756 II). Der GV muss also das Sofa anschleppen.

9. Ist S im Bsp. 8 nicht bereits im Annahmeverzug?

Ja, S hat durch seinen Klageabweisungsantrag zu erkennen gegeben, dass er weder dazu bereit ist, seine Leistung zu erbringen, noch die des G anzunehmen. Folglich reichte gem. § 295 BGB ein mündliches Angebot des G zur Begründung des Annahmeverzuges aus. Dies lag in der Wiederholung des Klageantrages nach Durchführung der Beweisaufnahme (Lackmann Rn. 84).

10. Warum genügt dies nicht zum Beweis des Annahmeverzuges i.S.d. § 756 I? Das Urteil ist doch eine öffentliche Urkunde i.S.d. § 415 oder?

Das ist zwar richtig. Der Annahmeverzug müsste sich aber aus dem Tenor ergeben (h.M.). Denn dem Vollstreckungsorgan sollen umfangreiche materielle Prüfungen erspart bleiben (Formalisierung der ZV!).

11. Was hätte G demnach tun müssen, um den Annahmeverzug durch das Urteil nachzuweisen?

Er hätte seinen Klageantrag auf Feststellung des Annahmeverzuges erweitern sollen, damit der Annahmeverzug im Tenor zum Ausdruck kommt.

6. Kapitel
Die Rechtsbehelfe im Klauselerteilungsverfahren

Da das Klauselverfahren nicht Bestandteil des eigentlichen Vollstreckungsverfahrens ist – es soll dies ja nur vorbereiten (s.o. 3. Kap. III) – finden die Rechtsbehelfe der ZV keine Anwendung. Es gelten vielmehr spezielle Rechtsbehelfe, die für den Gläubiger und den Schuldner unterschiedlich ausgestaltet sind.

A. Rechtsbehelfe des Gläubigers

Ist dem **Gläubiger** die beantragte Klausel versagt worden, so **kann** er

- **Erinnerung nach § 573 I einlegen**, wenn der UrkB die Klauselerteilung verweigert hat
- **Sofortige Beschwerde gem. §§ 11 I RpflG, 567 I Nr. 2 einlegen**, wenn der Rechtspfleger die Erteilung der Klausel versagt hat
- **auf Erteilung der Klausel nach § 731 klagen**, wenn er außerstande ist, den erforderlichen Urkundsbeweis zur Erteilung einer qualifizierten Klausel zu erbringen.

I. Erinnerung nach § 573 I bei Versagung der Klauselerteilung durch den UrkB

1. Zulässigkeit: Zuständig ist das Gericht dem der UrkB angehört (§ 573 I S. 1 letz. HS). Form: Schriftlich o. zu Protokoll der Geschäftsstelle (§ 573 I S. 2; also kein Anwaltszwang, vgl. § 78 V!). Frist: Notfrist von 2 Wochen (§ 573 I S. 1).

2. Begründetheit: Die Erinnerung ist begründet, wenn die Klausel hätte erteilt werden müssen, also deren Erlassvoraussetzungen nach § 724 vorliegen (s. hierzu o. 3. Kap. III 1).

3. Verfahrensgang: Zunächst ist der UrkB befugt der Erinnerung abzuhelfen (§§ 573 I S. 3, 572 I S. 1), wenn er sie für begründet hält. Hilft er ihr nicht ab, hat er die Sache dem Richter zur Entscheidung vorzulegen. Dieser kann Abhilfe verschaffen. Hält aber auch er die Erinnerung für unbegründet, so weist er sie durch Beschluss zurück. Dieser Beschluss ist mit der sofortigen Beschwerde anfechtbar (§§ 573 II, 567 ff.).

II. Beschwerde bei Verweigerung der Klauselerteilung durch den Rechtspfleger (§ 11 I RpflG)

Gegen die Entscheidungen des Rechtspflegers ist das Rechtsmittel gegeben, das nach allgemeinen verfahrensrechtlichen Vorschriften zulässig ist (§ 11 I RpflG). Das ist bei Versagung der Klausel die sofortige Beschwerde (§ 567 I Nr. 2), da durch die Ablehnung der Klausel ein das Verfahren betreffende Gesuch zurückgewiesen wird, das keine mündliche Verhandlung erfordert (vgl. § 730).

1. Zur **Zulässigkeit** der Beschwerde im allgemeinen vgl. ausführlich ZPO I 15. Kap. C I. Besonderheiten: Die Beschwerde kann auch ab dem LG ohne Anwalt eingelegt werden (§ 13 RpflG). In der mündlichen Verhandlung ist jedoch Postulationsfähigkeit erforderlich.

2. Begründetheit: Die Beschwerde ist begründet, wenn die Vorraussetzungen für den Erlass einer Klausel – auch einer einfachen Klausel (vgl. § 8 V RpflG) – vorliegen.

3. Verfahrensgang: Der Rechtspfleger hilft der Beschwerde ab, wenn er sie für begründet hält. Andernfalls hat das im Rechtszug nächst höhere Gericht auf Vorlage durch Beschluss zu entscheiden (§ 572 I; s. ausführlicher ZPO I 15. Kap. C II).

4. Tenorierung (gilt für die Erinnerung nach § 573 I entsprechend!): Ist die Beschwerde (Erinnerung) zulässig und begründet, so lautet der Hauptausspruch: "Auf die Beschwerde (Erinnerung) des Gläubigers vom ... wird der Beschluss des Rechtspflegers (UrkB) des ... (Gerichts) vom ... aufgehoben. Der Rechtspfleger (UrkB) wird angewiesen, die vom Gläubiger beantragte Klausel zu erteilen." Bei teilweisen Erfolg ist einzufügen: "..., soweit eine Klausel i.H.v. (X €) nicht erteilt worden ist. ..." und es hat Zurückweisung der Beschwerde (Erinnerung) i.ü. zu erfolgen. Ist die Beschwerde (Erinnerung) gänzlich unbegründet, so ist sie insgesamt zurückzuweisen. Ist sie unzulässig, so ist sie zu verwerfen. Bei der Kostenentscheidung ist § 97 u. § 11 IV RpflG zu beachten. Ein Ausspruch der vorl. Vollstreckbarkeit hat zu unterbleiben, da gem. §§ 708 ff. nur Urteile, nicht jedoch Beschlüsse eines solchen Ausspruchs bedürfen.

III. Klage auf Erteilung der Vollstreckungsklausel nach § 731

Kann der Gläubiger im Falle einer qualifizierten Klausel nicht den erforderlichen Nachweis durch öffentliche oder öffentlich beglaubigte Urkunden führen, bleibt ihm lediglich die Klauselerteilungsklage gem. § 731. Hierbei handelt es sich nach **h.M.** um eine **Feststellungsklage**, da das Gericht lediglich feststellt, dass die Klausel zu erteilen ist, sie aber nicht selbst erteilt (Thomas/Putzo § 731 Rn. 1; nach a.A. handelt es sich um eine prozessuale Gestaltungsklage, St/Jo § 731 Rn. 8).

Parteien der Klage aus § 731 sind auf Klägerseite derjenige, der die Klausel begehrt und auf Beklagtenseite derjenige, gegen den die Klausel erteilt werden soll (und nicht etwa das zur Erteilung der Klausel zuständige Organ).

1. Zulässigkeit der Klauselerteilungsklage

Es sind insbesondere folgende Voraussetzungen zu beachten:

a) Statthaftigkeit

Die Klauselerteilungsklage ist nach § 731 nur statthaft, wenn die Erteilung einer qualifizierten Klausel begehrt wird.

Merken Sie: Über § 795 S. 1 findet § 731 auch auf die Titel des § 794 Anwendung.

b) Ordnungsgemäße Klageerhebung

Es gelten die allgemeinen Vorschriften, also insbesondere die §§ 253, 130 (vgl. ZPO I 7. Kap.). Der Klageantrag muss darauf gerichtet sein, dass die Erteilung der Vollstreckungsklausel zum (genau bezeichneten Titel) für den Kläger (oder gegen den Beklagten) zulässig ist.

c) Örtliche und sachliche Zuständigkeit

Bei Urteilen und Vergleichen ist das Prozessgericht des ersten Rechtszuges ausschließlich örtlich und sachlich zuständig (§§ 731, 802).

Merken Sie: Die §§ 796 III, 797 V enthalten für den Fall, dass ein Prozessgericht des ersten Rechtszuges nicht existiert, Sonderregelungen (s. näher u. 11. Kap. A II 3).

d) Rechtsschutzbedürfnis (RSB) bzw. Feststellungsinteresse i.S.d. § 256 I

Aus dem Wortlaut des § 731 folgt, dass die Klauselerteilungsklage nur zulässig ist, wenn der erforderliche Urkundsbeweis zur Erteilung einer qualifizierten Klausel nicht geführt werden kann. Einer Klage fehlt daher das RSB, wenn öffentliche oder öffentlich beglaubigte Urkunden vorhanden sind oder vom Kläger ohne weiteres beschafft werden können (In diesem Zusammenhang sind u.a. die §§ 792, 12 II GBO, 9 II HGB zu beachten).

Ob und inwieweit der Kläger allerdings vor Klageerhebung als möglichen einfacheren, billigeren und schnelleren Weg das Klauselerteilungsverfahren erfolglos beschritten haben muss, wird unterschiedlich beurteilt: Während eine Ansicht es genügen lässt, dass ein im Ergebnis negativ beschiedener Antrag beim Rechtspfleger gestellt worden ist (Hoffmann Jura 95, 411 412), verlangt eine andere Ansicht, dass hiergegen erfolglos sofortige Beschwerde (§§ 11 I RpflG, 567 I Nr. 2) eingelegt worden sein muss (Thomas/Putzo § 731 Rn. 6). Schließlich wird vertreten, es könne sofort Klage erhoben werden (Brox/Walker Rn. 133). Die besseren Argumente sprechen für die erste Meinung. Sie vermeidet eine unnötige Verdoppelung der gerichtlichen Verfahren, schützt aber gleichzeitig vor einer möglicherweise übereilten Klage, indem sie den Antrag auf Klauselerteilung als eine Art vorgeschaltetes Verfahren fordert. Es besteht ja immerhin noch die Möglichkeit, dass der Schuldner im Rahmen seiner Anhörung (§ 730) eine nach § 726 vom Gläubiger zu beweisende Tatsache zugesteht (vgl. Lackmann Rn. 727 m. w. Argumenten). Aus klausurtaktischen Gründen kann es aber ratsam sein, sich der letztgenannten Ansicht anzuschließen, um ein Hilfsgutachten zur Begründetheit zu vermeiden, falls ein Antrag auf Klauselerteilung unterblieben ist.

2. Begründetheit der Klauselerteilungsklage

Die Klauselerteilungsklage ist begründet, wenn

- die allgemeinen Voraussetzungen zur Klauselerteilung
- sowie deren qualifizierte Anforderungen (§ 726 oder §§ 727 ff.) gegeben sind
- und der Beklagte sich nicht erfolgreich mit Einwendungen zur Wehr gesetzt hat

Da es sich um ein gewöhnliches Erkenntnisverfahren handelt, gelten auch die allgemeinen Grundsätze. D.h., der Urkundsbeweis gem. §§ 726, 727 ist nicht erforderlich. Es müssen lediglich die vom Kläger schlüssig dargelegten und vom Beklagten wirksam bestrittenen klagebegründenden Umstände vom Kläger mit den gewöhnlichen Beweismitteln nachgewiesen werden. Vom Beklagten hervorgebrachte und vom Kläger bestrittene Einwendungen müssen dementsprechend vom Beklagten bewiesen werden. Nach ganz h.M. sind im Rahmen des § 731 zur Vermeidung einer späteren Vollstreckungsgegenklage (§ 767) auch materielle Einwendungen zu berücksichtigen. Dies führt dazu, dass materielle Einwendungen gem. § 767 II (bzw. gem. § 767 III) für den Fall einer möglichen unterlassenen vorherigen Geltendmachung präkludiert sind (zur Präklusion s.u. 11. Kap. A III 2 u. 3).

Obsiegt der Kläger, so ist streitig, wer für die Klauselerteilung zuständig ist: Nach einer Ansicht ist dies der Rechtspfleger, nach einer anderen der UrkB, da es sich nun – nach Urteilserlass – um einen einfachen Fall i.S.d. § 724 handelt (Brox/Walker Rn. 135 mwN).

3. Tenorierung (für Referendare!)

a) Hinsichtlich des **Hauptausspruchs gibt es** drei unterschiedliche Konstellationen:

- **Klage ist zulässig und begründet:** "Die Vollstreckungsklausel zum ... (genau bezeichneten Titel) ... ist für den Kläger (oder gegen den Beklagten) zu erteilen."
- **Klage ist nur teilweise begründet:** "Die Vollstreckungsklausel zum ... (genau bezeichneten Titel) ... ist für den Kläger (oder gegen den Beklagten) wegen eines Betrage von ...(X €) ... zu erteilen. Im Übrigen wird die Klage abgewiesen."
- **Klage ist unzulässig oder unbegründet:** "Die Klage wird abgewiesen."

b) **Kostenentscheidung und vorl. Vollstreckbarkeit**: §§ 91 ff., 708 ff..

B. Rechtsbehelfe des Schuldners

Der Schuldner kann **gegen die Erteilung der Klausel** wahlweise

- nach **§ 732 Erinnerung**
- oder gem. **§ 768 Klage**

einlegen, sofern der Anwendungsbereich beider Rechtsbehelfe sich überschneidet (vgl. § 768 a.E).

I. Die Klauselerinnerung (§ 732)

Ist dem Gläubiger die (einfache oder qualifizierte) Klausel erteilt worden, dann steht dem Schuldner die Klauselerinnerung nach § 732 zur Verfügung.

1. Zulässigkeit der Klauselerinnerung

Folgende Voraussetzungen sind im Rahmen der Zulässigkeit zu beachten:

a) Statthaftigkeit: Die Erinnerung nach § 732 ist im Gegensatz zur Klauselgegenklage (§ 768), die nur gegen qualifizierte Klauseln möglich ist, **gegen alle Arten von Klauseln mit allen Arten von Einwendungen gegen die Zulässigkeit der Klausel** statthaft. D.h., der Schuldner kann mit ihr sowohl das Fehlen der Voraussetzungen einer einfachen Klausel als auch das Fehlen der besonderen Voraussetzungen der §§ 726, 727 ff. geltend machen. Er kann die Erinnerung jedoch nicht auf materielle Einwendungen gegen den titulierten Anspruch stützen. Hierfür steht ihm die Vollstreckungsgegenklage zur Verfügung (§ 767). Bei materiellen Einwendungen gegen die Wirksamkeit des Titels steht ihm dagegen wahlweise die Erinnerung oder die sog. prozessuale Gestaltungsklage sui generis analog § 767 I zu (BGH NJW-RR 04, 1718).

b) Sachlich und örtlich ausschließlich zuständig ist das Prozessgericht von dessen UrkB oder Rechtspfleger die Klausel erteilt worden ist **(§§ 732 I S. 1, 802).**

c) Form u. Frist: Die nicht fristgebundene Erinnerung muss analog § 569 II u. III schriftlich o. zu Protokoll der Geschäftsstelle eingereicht werden. Anwaltszwang besteht nicht.

d) Das **Rechtsschutzbedürfnis** besteht vom Ztpkt. der Klauselerteilung bis zur Beendigung der ZV.

2. Begründetheit der Klauselerinnerung

Die Klauselerinnerung ist begründet, wenn entweder

- eine allgemeine Voraussetzung
- oder (und) eine besondere Voraussetzung nach den §§ 726, 727 ff.

zur Klauselerteilung fehlt (fehlen).

Beachten Sie: Materielle Einwendungen gegen die Erteilung einer qualifizierten Klausel (wie z.B. fehlende Rechtsnachfolge, weil der Abtretungsvertrag wirksam angefochten worden ist) sind streng zu trennen von den materiellen Einwendungen, die sich (wie z.B. die Aufrechnung gegen die titulierte Forderung) gegen den titulierten Anspruch als solchen richten. Letztere bleiben der Vollstreckungsgegenklage (§ 767) vorbehalten und dürfen daher nicht im Rahmen des § 732 berücksichtigt werden (s.o. I 1a). Ebenso haben Einwendungen über die bereits durch Urteil nach § 768 befunden worden ist, außer Ansatz zu bleiben.

3. Verfahrensgang: Nach ü.A. sind der (die Klausel erlassene) UrkB bzw. Rechtspfleger zur Abhilfe berechtigt. Für den Fall einer solchen Abhilfe stehen dem Gläubiger die allgemeinen Rechtsbehelfe des Klauselverfahrens zur Seite (s. dazu o. A). Er ist also so zu behandeln, als wenn die Klauselerteilung von Anfang an verweigert worden wäre. Erfolgt keine Abhilfe, entscheidet das Prozessgericht nach Vorlage durch Beschluss, der mit der sofortigen Beschwerde nach § 567 I anfechtbar ist.

4. Tenorierung (für Referendare!): Ist die Erinnerung nach § 732 zulässig u. begründet, so lautet der Hauptausspruch: "Die ZV aufgrund der zum (genau bezeichneten Titel) erteilten Klausel ist unzulässig." Bei lediglich teilweisen Erfolg ist einzufügen: "...ist wegen eines Betrages von (X €) unzulässig." und die Erinnerung i.ü. zurückzuweisen. Ist die Erinnerung gänzlich unbegründet, so ist sie insgesamt zurückzuweisen. Bei Unzulässigkeit ist sie zu verwerfen. Kosten: Gerichtliche Kosten fallen nicht an. Die Entscheidung über die außergichtlichen Kosten richtet sich nach §§ 91 ff. (Beachte: § 97 I gilt analog). Ein Ausspruch der vorl. Vollstreckbarkeit hat zu unterbleiben, da gem. §§ 708 ff. nur Urteile, nicht jedoch Beschlüsse eines solchen Ausspruchs bedürfen.

II. Die Klauselgegenklage (§ 768)

Bei der Klauselgegenklage handelt es sich (nach ganz h.M) um eine **prozessuale Gestaltungsklage**, weil die Klausel rechtsgestaltend für unzulässig erklärt wird.

Merken Sie: Im Gegensatz zur Klage nach § 767, die sich gegen den titulierten Anspruch selbst richtet, richtet sich die Klage nach § 768 gegen die erteilte (qualifizierte) Klausel.

Parteien dieser Klage sind auf Klägerseite der Schuldner und auf Beklagtenseite der Gläubiger. Sie ergeben sich aus dem Titel und nach Umschreibung aus der Klausel.

1. Zulässigkeit der Klauselgegenklage

Neben den allgemeinen Zulässigkeitsvoraussetzungen (siehe hierzu ZPO I) sind folgende Besonderheiten zu beachten:

a) Statthaftigkeit: Die Klauselgegenklage ist nur statthaft, wenn der Schuldner das Fehlen der materiellen Voraussetzungen der erteilten qualifizierten Klausel (wie z.B. das Fehlen der Rechtsnachfolge bei § 727) rügt.

Beachten Sie den Unterschied zu § 732: Mit der Erinnerung kann auch eingewandt werden, dass die allgemeinen – formellen – Voraussetzungen zur Klauselerteilung nicht gegeben sind, und zwar auch wenn der Schuldner sich gegen eine einfache Klausel zur Wehr setzt. § 768 hat also engere Voraussetzungen als § 732.

b) Ordnungsgemäße Klageerhebung: Es gelten die allgemeinen Grundsätze (§§ 253, 261, 130). Der Klageantrag muss darauf gerichtet sein, die ZV auf Grund der (zum genau bezeichneten Titel) erteilten Klausel für unzulässig zu erklären.

c) Örtlich und sachlich ausschließlich zuständig ist bei Urteilen und Vergleichen (§§ 795 S.1, 794 I S. 1) das Prozessgericht des ersten Rechtszuges (§§ 768, 767 I, 802). Zu den Sonderregelungen der §§ 796 III, 797 V s.u. 11. Kap. A II 3.

d) Das **Rechtsschutzbedürfnis** besteht vom Ztpkt. der Klauselerteilung bis zur Beendigung der ZV. Soweit sich der Anwendungsbereich des § 768 mit dem des § 732 deckt, fehlt einer Klage nach § 768 nicht etwa das RSB (vgl. § 768 letz. HS.). Es können mit der Klauselgegenklage sogar Einwendungen gegen die materiellen Voraussetzungen für eine qualifizierte Klausel erhoben werden, die mit der Erinnerung erfolglos geblieben sind. Grund: Die Erinnerung nach § 732 stellt eher ein summarisches Verfahren dar.

e) Der Klage aus § 768 steht der **Einwand der Rechtskraft** (§ 322 I) entgegen, wenn durch rechtskräftiges Urteil nach § 731 bereits festgestellt worden ist, dass die Klausel zu erteilen ist.

2. Begründetheit der Klauselgegenklage

Die Klage aus § 768 ist begründet, wenn die materiellen Voraussetzungen für die Erteilung einer qualifizierten Klausel (im Ztpkt. der letzten mündlichen Verhandlung) fehlen. Beachte: Eine Präklusion nach § 767 II ist nicht möglich, da § 768 lediglich auf § 767 I u. III verweist.

Nach wohl richtiger Auffassung richtet sich die Beweislast abweichend von den allgemeinen Grundsätzen danach, wer auch bei der Klauselerteilung den Nachweis zu erbringen hat (OLG Köln NJW-RR 94, 893 f.). Andernfalls würde der Umweg über § 768 dazu führen, dass nunmehr z.B. der Schuldner (=Kläger) den Nichteintritt einer Bedingung zu beweisen hat, dessen Eintritt der Gläubiger (=Beklagter) bei der Klauselerteilung nach § 726 an sich hätte beweisen müssen (Lackmann Rn. 745).

3. Tenorierung (für Referendare!)

a) Hinsichtlich des **Hauptausspruchs** gibt es drei unterschiedliche Konstellationen:

- **Klage ist zulässig und begründet:** "Die ZV aufgrund der zum (genau bezeichneten Titel) erteilten Klausel wird für unzulässig erklärt."
- **Klage ist nur zum Teil begründet:** "Die ZV auf Grund der zum (genau bezeichneten Titel) erteilten Klausel wird wegen eines Betrages i.H.v. (X €) für unzulässig erklärt. Im Übrigen wird die Klage abgewiesen."
- **Klage ist unzulässig oder unbegründet:** "Die Klage wird abgewiesen."

b) Kostenentscheidung (§ 91 ff.): Keine Besonderheiten.

c) Zur **vorläufigen Vollstreckbarkeit** vgl. die im Rahmen der Vollstreckungsgegenklage gemachten Ausführungen, die hier entsprechend gelten (11. Kap. A IV 3).

Wiederholungsfragen zum 6. Kapitel

Waltraut und Lothar Habenichts sind rechtskräftig als Gesamtschuldner zur Zahlung von 100 € an ihren Nachbarn Günther verurteilt worden. Nachdem Waltraut die titulierte Forderung beglichen und Lothar den Innenausgleich abgelehnt hatte, hat Waltraut beim zuständigen Rpfl. unter Vorlage des ihr durch den GVZ ausgehändigten Titels u. einer notariell beglaubigten Quittung über die Zahlung beantragt, den Titel gegen Lothar auf sie i.H.v. 50 € umzuschreiben. Der Rpfl. verweigert jedoch die Titelumschreibung, nachdem Lothar im Rahmen seiner Anhörung nach § 730 erklärt hatte, er sei im Innenverhältnis nicht gleichanteilig verpflichtet.

1. Was kann W hiergegen unternehmen?

Sofortige Beschwerde gem. §§ 11 I RpflG, 567 I Nr. 2 einlegen. Inwieweit daneben eine Klage nach § 731 zulässig ist, ohne zuvor das Beschwerdeverfahren erfolglos durchlaufen zu haben, ist umstritten.

2. Wer entscheidet im Fall der Beschwerde?

Zunächst hat der Rpfl. die Möglichkeit, seine Entscheidung zu überprüfen. Hält er an ihr fest, erlässt er einen Nichtabhilfe-Beschluss u. legt dem Beschwerdegericht die Sache zur Entscheidung vor (§ 572 I S. 1).

3. Ist Ws Beschwerde begründet?

Nein, denn der Rplf. hat zu Recht die Titelumschreibung verweigert. Die Voraussetzungen des § 727 sind nicht erfüllt. Gem. § 426 II S. 1 BGB geht die Forderung zwar auf den leistenden Gesamtschuldner über, aber nur in dem Umfang des im Innenverhältnis zu dem anderen Gesamtschuldner bestehenden Ausgleichsanspruchs. Eine gleichanteilige Verpflichtung nach der Grundregel des § 426 I S. 1 BGB gilt nur, soweit nicht ein anderes bestimmt ist. W hat insoweit nicht den Umfang ihrer Rechtsnachfolge in Form des § 727 I nachgewiesen. Denn weder die notarielle Quittung noch das Urteil sagen etwas über die Ausgestaltung des Innenverhältnisses aus. Die Quittung beweist lediglich, dass gezahlt wurde. Der Umfang der geltend gemachten Ausgleichspflicht u. damit Rechtsnachfolge ist auch nicht offenkundig (§ 291) o. als zugestanden (§§ 730, 288) anzusehen (OLG Schleswig OLG Report 99, 42 f.).

4. Wie lautet der Tenor in der Hauptsache?

Die Beschwerde wird zurückgewiesen.

5. Was kann W jetzt noch unternehmen?

W kann wahlweise Klauselerteilungsklage (§ 731) o. selbständige Zahlungsklage erheben. In beiden Fällen handelt es sich um ein normales Klageverfahren. Einer Zahlungsklage fehlt daher nicht etwa das RSB, weil die Möglichkeit nach § 731 vorzugehen besteht.

Fall 1 – "Der verkorkste Vergleich" (KG MDR 67, 848 f.; Brox/Walker Rn. 128f.):

In einem gerichtlichen Vergleich des LGs Flensburg verpflichtete sich Sophia, an Gutfried 12.000 € in monatlichen Raten von 1.000 € jeweils bis zum 5. des Monats zu zahlen. Weitere 3.000 € wurden ihr erlassen. Für den Fall des Zahlungsverzuges soll der gesamte Restbetrag auf einmal fällig werden und die erlassene Schuld wieder aufleben. Sophia kommt bereits mit der ersten Rate in Verzug. Gutfried beantragt daher beim Rechtspfleger am LG in Flensburg die Erteilung einer vollstreckbaren Ausfertigung des Vergleichs wegen des gesamten Betrages. In dem darauf folgenden Anhörungsverfahren bestreitet Sophia in Zahlungsrückstand geraten zu sein. Das führt dazu, dass der Rechtspfleger dem guten Gutfried die Klausel verweigert, da dieser die Fälligkeit des Gesamtbetrages nicht hat nachweisen können. Gutfried legt hiergegen persönlich schriftlich Beschwerde beim LG Flensburg ein. Wie ist zu entscheiden?

Lösungsvorschlag

I. Zulässigkeit

1. Die Beschwerde müsste statthaft sein. Gegen die Entscheidungen des Rechtspflegers ist gem. § 11 I RpflG das Rechtsmittel statthaft, das nach allgemeinen verfahrensrechtlichen Vorschriften statthaft ist. Das ist bei Verweigerung der Klauselerteilung die sofortige Beschwerde nach § 567 I Nr. 2, da durch die Versagung der vollstreckbaren Ausfertigung ein das Verfahren betreffende Gesuch zurückgewiesen wird, das keine mündliche Verhandlung erfordert (vgl. § 730).

2. Zuständig ist zunächst der Rechtspfleger, der die Klausel verweigert hat. Bei Nichtabhilfe entscheidet gem. § 572 I S. 1 das im Rechtzug nächst höhere Gericht. Das wäre hier das OLG Schleswig.

3. Die Beschwerde ist schließlich wirksam bei dem LG Flensburg, also dem Gericht, von dem die angefochtene Entscheidung erlassen worden ist (vgl. § 572 I S. 1), frist- (§ 569 I) und formgerecht (§ 569 II) eingelegt worden. Gem. § 13 RpflG ist § 78 I auf Verfahren vor dem Rechtspfleger nicht anzuwenden. G konnte daher auch ohne RA Beschwerde einlegen.

Die Beschwerde ist zulässig.

II. Begründetheit

Die Beschwerde ist begründet, wenn der Rechtspfleger die Klausel hätte erteilen müssen. Das ist der Fall, wenn die Voraussetzungen für eine Erteilung vorliegen.

1. Ein formloser Antrag bei dem Prozessgericht – das ist hier das LG Flensburg – liegt vor (§§ 795 S. 1, 724 II).

2. Der Vergleich ist mangels entgegenstehender Anhaltpunkte wirksam geschlossen worden (§§ 794 I Nr. 1, 160 III Nr. 1 i.V.m. § 779 BGB). Folglich liegt auch ein wirksamer vollstreckungsfähiger Titel vor.

3. Fraglich ist jedoch, ob die besonderen Voraussetzungen des § 726 erfüllt sind.

a) Die Vollstreckung ist an einen Zahlungsrückstand der S geknüpft; also vom Eintritt einer anderen Tatsache als die Erbringung einer Sicherheitsleistung, das Bewirken einer Zug um Zug zu erbringenden Gegenleistung und des Eintritts eines bestimmten Kalendertages abhängig.

b) Diese Tatsache müsste vom G zu beweisen sein. Ob das der Fall ist, beurteilt sich nach allgemeinen Beweislastregeln. Die Beweislast ist von der Parteirolle oder Verfahrensart unabhängig. Sie beurteilt sich allein nach materiellem Recht. Danach trägt grds. der Gläubiger die Beweislast für anspruchsbegründende und der Schuldner die Beweislast für anspruchsvernichtende und anspruchshemmende Tatsachen. Folglich muss zwischen den gestundeten 12.000 € und den erlassenen 3.000 € unterschieden werden.

(1) Bei Zahlungsverzug sollte der gesamte gestundete (Rest-) Betrag aufeinmal fällig sein. Bei einer solchen sog. **Verfallklausel** soll dem Schuldner die Möglichkeit eingeräumt werden, die ZV durch rechtzeitige Zahlung abzuwenden. Die rechtzeitige Zahlung wirkt also rechtsvernichtend. Der Schuldner muss daher – wie bei der Erfüllung (§ 362 BGB) auch sonst – beweisen, dass er rechtzeitig gezahlt hat (vgl. auch § 775 Nr. 4 u. 5). Die Vollstreckungsklausel für die unter Verfallklausel stehende Forderung ist somit ohne den durch den Gläubiger zu erbringenden Nachweis zu erteilen. Denn es liegen insoweit gar nicht die Voraussetzungen des § 726 vor.

(2) Bei der **Wiederauflebensklausel** über 3.000 € ist hingegen fraglich, ob S auch hier die Beweislast trägt. Der S wurde in dieser Höhe die Forderung erlassen. Sie sollte unter der aufschiebenden Bedingung des Zahlungsrückstandes wieder aufleben. Eine aufschiebende Bedingung (§ 158 I BGB) stellt eine rechtshindernde Einwendung dar. Sie wirkt demnach anspruchsbegründend. Ihr Eintritt muss daher auch vom Gläubiger bewiesen werden. Mithin ist § 726 hinsichtlich der 3.000 € einschlägig.

c) Da G den Eintritt dieser aufschiebenden Bedingung nicht **durch öffentliche oder öffentlich beglaubigte Urkunden nachgewiesen** hat (§ 726 I) und dieser Nachweis auch nicht gem. §§ 730, 288 entbehrlich ist, hat der Rechtspfleger die Klausel i.H.v. 3.000 € zu Recht verweigert.

Der Rechtspfleger hätte aber die Klausel i.H. der 12.000 € erteilen können, obwohl an sich der UrkB hierfür zuständig gewesen wäre (§ 8 V RpflG).

Die sofortige Beschwerde ist daher lediglich teilweise - d.h. soweit die Klauselerteilung i.H.v. 12.000 € verweigert worden ist - begründet.

III. Tenorierung (für Referendare!):

Auf die Beschwerde des Gläubigers vom ... wird der Beschluss des Rechtspflegers des Landgerichts Flensburg vom ... aufgehoben, soweit eine Klausel i.H.v. 12.000 € nicht erteilt worden ist. Der UrkB wird angewiesen die Klausel in dieser Höhe zu erteilen. Im Übrigen wird die Beschwerde zurückgewiesen.

Die Entscheidung ergeht gerichtsgebührenfrei. Von den außergerichtlichen Kosten trägt der Gläubiger 1/5 und die Schuldnerin 4/5.

> **Anmerkung:** Hinsichtlich der 3.000 € muss G Klauselerteilungsklage nach § 731 oder selbständige Zahlungsklage erheben. Das hätte vermieden werden können, wenn in dem Vergleich eine Beweiserleichterung aufgenommen worden wäre oder auch der Erlass - ausgehend von einem Gesamtbetrag von 15.000 € - an eine rechtsvernichtende Tatsache geknüpft worden wäre. Z.B.: " ... Der S werden im Falle der rechtzeitigen Zahlung ... 3.000 € erlassen."

7. Kapitel
Die Zwangsvollstreckung wegen Geldforderungen in körperliche Sachen (§§ 808 ff.)

Die sog. Fahrnisvollstreckung, d.h. die ZV wegen Geldforderungen in körperliche Sachen (= bewegliche Sachen i.S.d. BGB), erfolgt durch Pfändung und Verwertung seitens des GV nach den §§ 802a-802l (allgemeine Vorschriften für die ZV wegen Geldforderungen), den §§ 803-807 (allgemeine Vorschriften für die ZV wegen Geldforderungen in das bewegliche Vermögen) und den §§ 808-827 (besondere Vorschriften für die ZV wegen Geldforderungen in körperliche Sachen).

I. Zwangsvollstreckungsvoraussetzungen

Wie jedes Vollstreckungsorgan hat auch der GV zunächst die Zwangsvollstreckungsvoraussetzungen (3.-5. Kap.), insbesondere seine Zuständigkeit zu prüfen.

Der Gerichtsvollzieher ist grds. funktionell zuständig zur Vollstreckung wegen Geldforderungen in bewegliche Sachen (§§ 753 I, 802a II Nr.4, 808 I). Dieser Grundsatz wird jedoch nach beiden Seiten hin durchbrochen. Früchte auf dem Halm – d.h. noch nicht getrennte Früchte eines Grundstücks – können aufgrund der wirtschaftlichen Bedeutung der Ernte gem. §§ 808 ff. gepfändet werden, obwohl sie (noch) wesentliche Bestandteile des Grundstücks sind (§ 810). Andererseits unterliegt Grundstückszubehör – obgleich es aus beweglichen Sachen besteht – der Immobiliarvollstreckung und nicht der Pfändung, sofern es in den (hypothetischen) Haftungsverband einer Hypothek fällt (§ 865 II). Dadurch soll die wirtschaftliche Einheit des Grundstücks gewahrt bleiben.

Die Pfändung von Wertpapieren i.e.S. (= das Recht aus dem Papier folgt dem Recht am Papier) – insb. von Wechseln – erfolgt ebenfalls nach den Vorschriften der Fahrnisvollstreckung (§§ 831, 821). Legitimationspapiere – wie z.B. das Sparbuch – werden dagegen wie gewöhnliche Forderungen nach §§ 829 ff. gepfändet und verwertet. Das Legitimationspapier wird allerdings hilfsweise gem. §§ 836 III S. 3, 883 (nicht § 808!) gepfändet, sofern der Schuldner es nicht freiwillig herausgibt (wonach er an sich gem. § 836 III S. 1 verpflichtet ist), da der Drittschuldner (z.B. die Bank oder Sparkasse) nur gegen Vorlage der Urkunde leisten muss (§ 808 II S. 1 BGB). Titel für diese Hilfspfändung ist der Überweisungsbeschluss (s. vertiefend 12. Kap. C).

1. Erweiterung des Zugriffsbereichs durch § 810

In Abweichung zu §§ 94 BGB, 864 gestattet § 810 I S. 1 die Pfändung von Früchten, die vom Boden noch nicht getrennt sind, es sei denn ihre Beschlagnahme ist zuvor im Wege der ZV in das unbewegliche Vermögen durch Anordnung der Zwangsverwaltung oder Zwangsversteigerung erfolgt. Die Pfändung darf jedoch nicht früher als einen Monat vor der gewöhnlichen Zeit der Reife erfolgen (§ 810 I S. 2).

Beachten Sie: Früchte i.S.d. § 810 sind nur solche, die wie etwa Kartoffeln oder Weizen periodisch geerntet werden (also z.B. nicht Bäume).

2. Einschränkung des Zugriffsbereichs durch § 865

Grundstückszubehör (§§ 97, 98 BGB), vom Grundstück getrennte Erzeugnisse (§ 99 BGB) und nicht wesentliche Bestandteile des Grundstücks (§§ 93 ff. BGB) sind zwar selbständige bewegliche Sachen (i.S.v. § 90 BGB), ihre Pfändbarkeit wird aber nach § 865 i.V.m. § 1120 BGB erheblich eingeschränkt, um – wie gesagt - die wirtschaftliche Einheit des Grundstücks zu wahren.

a) **Grundstückszubehör** (i.S.d. §§ 97, 98 BGB) ist, soweit es in den Haftungsverband einer hypothetischen bzw. gedachten Hypothek nach §§ 1120 ff. BGB fällt, **gem. § 865 II S. 1 i.V.m. § 865 I schlechthin unpfändbar**.

> **Merken Sie:** Es ist für § 865 unerheblich, ob tatsächlich eine Hypothek besteht, da andernfalls die Zulässigkeit der Pfändung von einem Umstand abhinge, den der GV nicht vor Ort feststellen kann (Formalisierung der ZV!). Es ist also zu fragen, ob das Zubehör der Hypothekenhaftung unterliegen würde, wenn eine Hypothek bestehen würde.

Der GV ist somit nicht gem. § 865 II S. 1 i.Vm. § 865 I funktionell zuständig, wenn

- es sich um Zubehör i.S.d. §§ 97, 98 BGB handelt,
- das in den Haftungsverband einer gedachten Hypothek gem. § 1120 BGB fällt
- und keine Enthaftung gem. §§ 1121, 1122 BGB eingetreten ist.

b) **Vom Boden getrennte Erzeugnisse** (§ 99 BGB) **und sonstige Bestandteile** eines Grundstücks (§§ 93-96 BGB), auf die sich die (gedachte) Hypothek erstreckt, **unterliegen gem. § 865 II S. 2 i.V.m. § 865 I der ZV in das bewegliche Vermögen, solange nicht ihre Beschlagnahme im Wege der Immobiliarvollstreckung erfolgt ist.**

Der GV ist daher gem. § 865 II S. 2 i.V.m. § 865 I nicht funktionell zuständig, wenn

- es sich um getrennte Erzeugnisse (§ 99 BGB) oder Bestandteile (§§ 93-96 BGB) handelt,
- die in den Haftungsverband einer gedachten Hypothek gem. § 1120 BGB fallen,
- keine Enthaftung gem. §§ 1121, 1122 BGB bzgl. dieser Gegenstände eingetreten ist
- und bereits die Beschlagnahme im Wege der ZV in das unbewegliche Vermögen durch Zwangsversteigerungs- oder Zwangsverwaltungsbeschluss des Vollstreckungsgerichts erfolgt ist (§§ 20 I, 146 I ZVG), der die Erzeugnisse bzw. Bestandteile gem. §§ 20 II, 21, 148 I ZVG mit erfasst.

c) Insb. nach Ansicht der Rspr. führt ein **Verstoß** des GV **gegen § 865 II** wegen funktioneller Unzuständigkeit zur Nichtigkeit der Vollstreckungsmaßnahme, so dass nicht einmal eine Verstrickung entsteht (zur Verstrickung s. 8. Kap. A). Die h.L. meint dagegen, ein Verstoß begründe lediglich einen relativen Zuständigkeitsmangel, der nur zur Rechtswidrigkeit und damit zur Anfechtbarkeit der Maßnahme führe. Für die h.L. spricht entscheidend, dass der GV häufig gar nicht in der Lage ist zu beurteilen, ob eine Sache unter § 865 fällt oder nicht. Für eine umfangreiche Prüfung bleibt keine Zeit; er muss beim Zugriff auf das Pfandobjekt schnell entscheiden. Der Schuldner und ein etwaiger Grundpfandgläubiger sind ausreichend über § 766 I geschützt. Zudem kann der Grundpfandgläubiger Drittwiderspruchsklage nach § 771 erheben (Brox/Walker Rn. 207 mwN).

II. Aufforderung zur freiwilligen Leistung

Bevor der GV mit der eigentlichen Pfändung (unten III) beginnt, hat er den Schuldner zur freiwilligen Leistung des geschuldeten Betrages einschließlich der Zinsen und Kosten der ZV aufzufordern (§ 59 II GVGA) und in jeder Lage des Verfahrens auf eine gütliche Erledigung bedacht sein (§ 802b); andernfalls ist die Vollstreckung mit der Erinnerung (§ 766 I) angreifbar (Brox/Walker Rn. 316).

Zahlungen sind zu quittieren. Nur bei Begleichung der gesamten Forderung nebst Kosten der ZV ist dem Schuldner darüber hinaus noch die vollstreckbare Ausfertigung des Titels auszuhändigen. Teilleistungen sind dagegen lediglich auf der vollstreckbaren Ausfertigung zu vermerken (§ 757 I), da der GV die vollstreckbare Ausfertigung noch zur Beitreibung des Restbetrages benötigt.

Die **materiellrechtlichen Folgen einer freiwilligen Zahlung sind umstritten**. Bedeutung erlangt der Streitstand insbesondere, wenn dem GV das Geld abhanden kommt, bevor er es an den Gläubiger aushändigt. Es ist zu unterscheiden, ob der Schuldner aufgrund eines rechtskräftigen oder eines vorläufig vollstreckbaren Titels leistet.

1. Bei **Zahlung aufgrund eines rechtskräftigen Titels** leistet der Schuldner zum Zwecke der Erfüllung. Es stellt sich aber die Frage, ob der Schuldner bereits mit Leistung an den GV von seiner Zahlungspflicht frei geworden ist:

a) Nach der **sog. Vertretertheorie** handelt der GV bei der Entgegennahme freiwilliger Zahlungen im Gegensatz zur eigentlichen Pfändung nicht hoheitlich, sondern als Vertreter des Gläubigers. Danach tritt bereits mit Zahlung an den GV ggü. dem Gläubiger Erfüllung ein. Denn der GV nimmt das Übereignungsangebot des Schuldners als Vertreter des Gläubigers an (§§ 929 S. 1, 164 ff. BGB) und erwirbt den Besitz an dem Geld als dessen Besitzmittler. Folglich trägt auch der Gläubiger die Verlustgefahr, wenn das Geld abhanden kommt, bevor der GV es an den Gläubiger ausgehändigt hat.

b) Die ü.A. – die **sog. Amtstheorie** – betrachtet den GV dagegen auch bei der Entgegennahme freiwilliger Zahlungen als hoheitlich handelndes Organ. Denn die der eigentlichen Pfändung vorgeschaltete Aufforderung zur freiwilligen Leistung steht mit dieser im unmittelbaren Zusammenhang und erfolgt i.d.R. unter dem Druck der drohenden Vollstreckung. Der Gläubiger erwirbt somit auch erst Eigentum an dem Geld, wenn es ihm vom GV kraft Hoheitsakt übertragen wird.

aa) Daraus wird teilweise gefolgert, der Schuldner müsse noch einmal zahlen, wenn dem GV das Geld vor Aushändigung an den Gläubiger abhanden kommt (OLG Celle MDR 90, 846).

bb) Überwiegend wird dieses Ergebnis jedoch für unbillig gehalten, weil der Schuldner so schlechter steht als bei zwangsweiser Durchsetzung des titulierten Anspruchs. Es wird deshalb § 815 III analog angewendet (BGH NJW 09, 1085 mwN). Die Anhänger dieser Meinung kommen daher zum selben Ergebnis wie die Vertretertheorie.

2. Zahlt der Schuldner aufgrund eines vorläufig vollstreckbaren Titels, leistet er nicht zum Zwecke der Erfüllung, sondern lediglich um die ZV abzuwenden. Die Zahlung erfolgt daher unter der Bedingung, dass der Titel Rechtskraft erlangt. Erst in diesem Augenblick tritt Erfüllungswirkung ein. Es stellt sich daher die Frage, von wem der Schuldner das Geleistete herausverlangen kann, wenn das für vorläufig vollstreckbar erklärte Urteil später (z.B. in der Berufung) aufgehoben wird:

aa) Der **Vertretertheorie** zur Folge hat der Gläubiger selbst Besitz durch den GV an dem Geld erlangt und zwar auch dann, wenn das Geld vor Aushändigung an den Gläubiger abhanden kommt (s.o). Der Gläubiger muss daher das Geld (bzw. dessen Wert) nach den Vorschriften der ungerechtfertigten Bereicherung herausgeben, wenn das für vorläufig vollstreckbar erklärte Urteil später abgeändert wird.

bb) Nach der **Amtstheorie** hat nicht der Gläubiger, sondern der GV etwas erlangt, wenn das Geld beim GV vor Aushändigung abhanden kommt (s.o). Deshalb ist auch der GV und nicht der Gläubiger dem Schuldner zur Herausgabe nach Bereicherungsrecht verpflichtet für den Fall der Abänderung des vorläufig vollstreckbaren Urteils.

Da der Gläubiger (Vertretertheorie) bzw. der GV (Amtstheorie) mit einer Aufhebung des für vorläufig vollstreckbar erklärten Urteils rechnen musste, ist eine Berufung auf den Wegfall der Bereicherung analog § 820 I S. 2 BGB nicht möglich (Brox/Walker Rn. 315).

III. Ordnungsgemäße Pfändung

Die ZV in das bewegliche Vermögen erfolgt durch Pfändung (§ 803 I S. 1). Die Pfändung beweglicher Sachen ist verfahrensfehlerfrei, wenn sie

- zur rechten Zeit (§§ 758 a IV),
- am rechten Ort (§§ 808, 809),
- in der rechten Weise (§§ 808, 826),
- und im rechten Umfang (§§ 803 I S. 2, II; 811 ff.)

durchgeführt worden ist.

1. Zur rechten Zeit (§§ 758 a IV)

Der GV darf nur "zur rechten Zeit" Pfändungen vornehmen. D.h. grds. zwar jederzeit, aber zur Nachtzeit (21:00-6:00 Uhr) sowie an Sonn- und Feiertagen nur wenn die ZV für den Schuldner und die Mitgewahrsamsinhaber nicht eine unbillige Härte darstellt oder der zu erwartende Erfolg nicht in einem Missverhältnis zu dem Eingriff steht; in Wohnungen nur aufgrund einer besonderen amtsrichterlichen Anordnung (§ 758 a IV).

2. Am rechten Ort (§§ 808, 809)

Die Pfändung erfolgt "am rechten Ort", wenn die zu pfändende Sache sich im Gewahrsam des Schuldners (§ 808), des Gläubigers (§ 809 1. Alt.) oder eines zur Herausgabe bereiten Dritten (§ 809 2. Alt.) befindet.

Gewahrsam bedeutet die tatsächliche Sachherrschaft (= unmittelbarer Besitz i.S.d. § 854 BGB). Daher haben Besitzdiener (§ 855 BGB), Erbenbesitzer (§ 857 BGB) und mittelbare Besitzer (§ 868 BGB) keinen Gewahrsam.

a) § 808 setzt lediglich **Gewahrsam des Schuldners** voraus; auf die Eigentumslage kommt es grds. nicht an. Es können also auch schuldnerfremde Gegenstände wirksam gepfändet werden (Ausnahme: evidentes Dritteigentum wie z.B. ein Kfz in einer Reparaturwerkstatt oder ein Buch einer Leihbücherei).

Grund: Der Gewahrsam stellt einen formalisierten Zugriffstatbestand in der ZV dar. Die Vollstreckung soll nicht durch materielle Prüfungen verzögert oder gar verhindert werden. Mangels voller juristischer Ausbildung und verfahrensrechtlicher Möglichkeit (Aussetzung des Verfahrens) ist der GV häufig auch gar nicht in der Lage, die Eigentumsverhältnisse zutreffend (auf die Schnelle) zu beurteilen. Dem wahren Eigentümer bleibt daher die Möglichkeit mit der Drittwiderspruchsklage (§ 771) gegen die Pfändung vorzugehen.

aa) Bei Mitgewahrsam muss der Dritte (= nicht Schuldner) zur Herausgabe bereit sein (§ 809 2. Alt.).

bb) Ist eine juristische Person (oder ein nicht rechtsfähiger Verein) Schuldnerin, ist der Gewahrsam ihrer Organe, der der juristischen Person (bzw. dem nichtrechtsfähigen Verein) zugerechnet wird, maßgebend.

cc) Zugunsten des Gläubigers eines Ehegatten wird gem. **§ 739 I** vermutet, dass der Schuldner alleiniger Gewahrsamsinhaber ist, sofern die Eigentumsfiktion des § 1362 BGB greift. Voraussetzungen (s. ausführlich FamR):

- Wirksame Ehe
- Die zu pfändende Sache befindet sich im Besitz eines oder beider Ehegatten
- Kein Getrenntleben
- Die Sache ist nicht ausschließlich zum persönlichen Gebrauch des nicht schuldenden Ehegatten bestimmt (§ 1362 II BGB).

Gem. § 739 II gilt § 739 I entsprechend bei der Vermutung des § 8 I Lebenspartnerschaftsgesetz (LPartG), also im Falle der gleichgeschlechtlichen Lebensgemeinschaft.

Bei **§ 739** handelt es sich nach ganz h.M. um eine **unwiderlegbare Vermutung**, die selbst dann greift, wenn die Eigentumsvermutung des § 1362 BGB (bzw. des § 8 I LebenspartnerschaftsG) widerlegt worden ist. Andernfalls wäre der GV, um sich auf § 739 berufen zu können, zur Eigentumsprüfung verpflichtet. Mangels hinreichender Ausbildung und verfahrensrechtlicher Möglichkeit ist ihm dies aber – wie oben aufgezeigt – häufig nicht möglich (OLG Celle OLG Report 99, 292). Der nicht schuldende Ehegatte kann sein Eigentum daher nur mit der Drittwiderspruchsklage nach § 771 (nicht Erinnerung!) geltend machen.

Eine **analoge Anwendung des § 739 I auf die nichteheliche Lebensgemeinschaft** (und Wohngemeinschaft) wurde **von** der **h.M.** schon immer **abgelehnt** und ist seit Einführung des § 739 II im Jahre 2001 mangels planwidriger Regelungslücke auch nicht mehr vertretbar (BGH ZIP 07, 352; Lackmann Rn. 264; vgl. zu dem bisherigen Streitstand umfassend Thran NJW 95, 1458 ff. mwN).

b) Gegenstände, die sich nicht im (Allein-) Gewahrsam des Schuldners befinden, darf der GV nur pfänden, wenn der **Dritte zur Herausgabe bereit** ist (**§ 809 2. Alt., § 70 II S. 1 u. 2 GVGA**); auch durch schlüssiges Verhalten wie z.B. Unterzeichnen des Pfändungsprotokolls).

Dritter ist, wer nicht Gläubiger oder Schuldner ist. Also auch der GV, wenn er bereits die tatsächliche Herrschaft über die (nochmals, vgl. § 826) zu pfändende Sache erlangt hat. Der Gewahrsam eines gesetzlichen Vertreters – z.B. bei Vollstreckung gegen einen Minderjährigen – ist jedoch nicht als Dritt-, sondern Schuldnergewahrsam zu behandeln (§ 70 I S.5 GVGA).

Nach ü.A. ist die Herausgabebereitschaft des Dritten selbst dann erforderlich, wenn der Dritte materiellrechtlich eindeutig zur Herausgabe der Sache an den Schuldner verpflichtet ist (wenn also der Schuldner dem Dritten die zu pfändende Sache z.B. nur geliehen hat) oder der Dritte sich den Gewahrsam im **kollusiven Zusammenwirken** mit dem Schuldner verschafft hat, um die Sache dem Vollstreckungszugriff zu entziehen. Denn der GV kann die materiellen Tatbestände nicht verlässlich prüfen; er muss sich im Wege der Formalisierung der ZV auf äußerlich leicht erkennbare Tatsachen verlassen können (Werner DGVZ 86, 49 53; Thomas/Putzo § 809 Rn. 4; a.A. Zöller § 809 Rn. 5). Der Gläubiger muss daher den Herausgabeanspruch des Schuldners gegen den Dritten pfänden (§§ 846, 847, 829 ff.) und sich zur Einziehung überweisen lassen, danach den Dritten aufgrund des überwiesenen Herausgabeanspruchs verklagen und den so erstrittenen Herausgabetitel gem. §§ 883 ff. vollstrecken (s. näher 13. Kap. I).

3. In der rechten Weise (§§ 808, 826)

Die Pfändung erfolgt "in der rechten Weise" durch Inbesitznahme der Sache seitens des GV (§ 808 I), wenn er den Schuldner zuvor erfolglos zur freiwilligen Leistung aufgefordert hat: Während Geld, Kostbarkeiten und Wertpapiere in die Pfandkammer zu verbringen sind, werden alle anderen Gegenstände grds. im Gewahrsam des Schuldners belassen (Ausnahme: bei Gläubigergefährdung) und durch Anlegen eines Pfandsiegels oder auf sonstige Weise (z.B. durch Anbringen von Pfandtafeln) kenntlich gemacht (§ 808 II). Die Kenntlichmachung ist zwingendes Wirksamkeitserfordernis. Fehlende oder nicht hinreichende Kenntlichmachung führt zur Nichtigkeit der Pfändung.

Merken Sie: Nimmt der GV die Sache mit, so erwirbt er unmittelbaren Fremdbesitz, der Gläubiger erststufigen mittelbaren Fremdbesitz und der Schuldner zweitstufigen mittelbaren Eigenbesitz. Belässt er hingegen den Gegenstand im Gewahrsam des Schuldners, so behält der Schuldner unmittelbaren Eigenbesitz, der GV selbst erwirbt erststufigen mittelbaren Fremdbesitz und der Gläubiger zweitstufigen mittelbaren Fremdbesitz.

Die dem GV bei der Pfändung zustehenden Zwangsbefugnisse sind in §§ 758-759 geregelt (lesen!). Wichtig (d.h. klausurrelevant) ist in diesem Zusammenhang, dass der GV die Wohnung des Schuldners ohne dessen Einwilligung grds. nur aufgrund einer richterlicher Anordnung durchsuchen darf (§ 758 a I, Art. 13 II GG). Unter durchsuchen versteht man das ziel- und zweckgerichtete Suchen. Bloßes "Durchschreiten fremden Gewahrsams" – z.B. um in einer Wohngemeinschaft in den vom Schuldner bewohnten Raum zu gelangen - ist daher kein Durchsuchen und somit ohne Anordnung zulässig. Nach Maßgabe des § 758 a III müssen Mitgewahrsamsinhaber eine Durchsuchung dulden.

Im Falle der sog. **Anschlusspfändung (§ 826)** ist die Pfändung "in der rechten Weise erfolgt", wenn

- der Schuldner der Erstpfändung mit dem Schuldner der Anschlusspfändung identisch ist (andernfalls muss die bereits gepfändete Sache normal nach §§ 808, 809 erneut gepfändet werden, sog. Doppelpfändung)
- noch eine wirksame Erstpfändung (= Verstrickung) besteht
- die Erklärung des GV, dass er dieselbe Sache nocheinmal für einen anderen Gläubiger pfändet, ins Protokoll (§ 762) aufgenommen wird
- ein etwaiger Dritter, in dessen Gewahrsam sich die zu pfändende Sache befindet, erneut seine Bereitschaft zur Herausgabe gem. § 809 2. Alt. erklärt, da er seine Zustimmung zur (Erst-) Pfändung aus persönlichen Gründen erteilt haben kann (h.M.).

Merken Sie: Die Zustellung einer Abschrift im Fall des § 826 II und die Inkenntnissetzung des Schuldners von der weiteren Pfändung gem. § 826 III sind keine Wirksamkeitserfordernisse.

4. Im rechten Umfang (§§ 803 I S. 2, II, 811 ff.)

Die Pfändung ist "im rechten Umfang" erfolgt, wenn kein Verstoß gegen ein Pfändungsverbot vorliegt:

a) Verbot der Überpfändung (§ 803 I S. 2)

Ausnahmsweise muss der GV jedoch einen Gegenstand, dessen Verkaufswert die Höhe der titulierten Forderung nebst den Kosten der ZV erheblich übersteigt, pfänden, wenn dieser Gegenstand das einzig pfändbare Vermögen des Schuldners darstellt.

b) Verbot der nutzlosen Pfändung (§ 803 II)

c) Verbot der Pfändung von Haushaltsgegenständen, wenn ersichtlich ist, dass durch ihre Verwertung nur ein Erlös erzielt werden würde, der zu dem Wert außer Verhältnis steht **(§ 812)**

d) Verbot der sog. "Kahlpfändung" aus sozialpolitischen Gründen (§ 811)

Die Vorschrift des § 811 I ist Ausdruck des sozialstaatlichen Fürsorgegedankens; die wirtschaftliche Existenz des Schuldners und seiner Familie soll gewahrt bleiben. Aber auch bestimmte Gegenstände, die für den Schuldner einen bloß ideellen bzw. persönlichen Wert besitzen (wie z.B. der Ehering), sind von der Pfändung ausgenommen (vgl. § 811 I Nr. 10 u. 11).

Klausurrelevante Einzelfälle:

- **811 I Nr. 1:** Der Pfändung nicht unterworfen sind Sachen, die dem persönlichen Gebrauch oder dem Haushalt des Schuldners dienen, soweit diese für eine angemessene bescheidene Lebens- und Haushaltsführung erforderlich sind.

  Bsp.: *Waschmaschine, Bett, Radio, Tisch, Kühlschrank, Fernseher (selbst wenn ein Radio vorhanden ist, vgl. Zöller § 811 Rn. 15 mwN), nicht jedoch Stereoanlage und Videorecorder (VGH Mannheim NJW 95, 2804).*

- **811 I Nr. 5:** Ebenfalls unpfändbar sind die zur Fortsetzung der **persönliche Arbeitsleistung** erforderlichen Gegenstände.

  Bsp.: *Bibliothek des Schriftstellers (LG Frankfurt DGVZ 90, 58); u.U. die Computeranlage eines Rechtsanwalts; Pkw des Schuldners zur Erreichung seines Arbeitsplatzes, wenn er weder zu Fuß gehen noch auf öffentliche Verkehrsmittel ausweichen kann (LG Rottweil DGVZ 93, 57).*

Dem Schutzbereich des § 811 I Nr. 5 unterliegen nur solche Gegenstände, die aus "persönlicher Leistung" – also nicht aus "kapitalistischer Leistung" – der Erwerbstätigkeit dienen. Es ist daher z.B. ein Taxi, das der Taxiunternehmer selbst fährt, nach § 811 I Nr. 5 unpfändbar; nicht dagegen Taxen, die der Unternehmer von anderen fahren lässt. Denn in diesem Fall zieht der Unternehmer aus dem Einsatz seines Kapitals, aber ohne persönliche Leistung, seinen Erwerb.

- **811 I Nr. 13:** Die zur unmittelbaren Verwendung für die Bestattung bestimmten Gegenstände sind der Pfändung nicht unterworfen.

  Bsp.: *Sarg oder Leichenhemd, nach h.M. jedoch nicht ein Grabstein (BGH NJW-RR 06, 570; Arg.: Grabsteine dienen nicht unmittelbar der Bestattung, sondern dem Andenken des Verstorbenen).*

aa) Fraglich ist, ob der Schuldnerschutz des § 811 I auch bei der **Pfändung gläubigereigener Sachen** eingreift.

> ***Bsp.***: *Der Schuldner hat dem Gläubiger zur Sicherheit eines Darlehens einen Fernseher übereignet. Darf der GV den Fernseher aufgrund der zwischenzeitlich titulierten Darlehensforderung bei S pfänden?*

Dass S nicht Eigentümer des Fernsehers ist, steht dem Anwendungsbereich des § 811 I Nr. 1 nicht entgegen, da allein der Besitz maßgebend ist. Hätte G jedoch aus seinem Eigentum auf Herausgabe nach § 985 BGB geklagt und den so erstrittenen Titel gem. §§ 883 ff. vollstreckt, wäre § 811 I nicht anwendbar, weil diese Vorschrift nur für die Vollstreckung wegen Geldforderungen in körperliche Sachen gilt.

- Daher **wird z.T. die Auffassung vertreten, der S handele arglistig**, wenn er sich in einem solchen Fall auf den Pfändungsschutz des § 811 I beruft. Denn es wäre unbillig und ein kostentreibender Formalismus, den G zu zwingen, nunmehr Klage auf Herausgabe seines Eigentums zu erheben, mit anschließender erneuter Vollstreckung, bei der dem S der Schutz des § 811 I unstreitig nicht zu Gute käme (Wacke JZ 87, 381; i.E. so neuerdings auch BGH NJW-RR 06, 570 f.).

- Dem hält eine **a.A.** jedoch zu Recht entgegen, der GV sei mangels voller juristischer Ausbildung und verfahrensrechtlicher Möglichkeit (Aussetzung des Verfahrens) häufig gar nicht in der Lage, die Eigentumsverhältnisse zutreffend auf die Schnelle zu beurteilen (Formalisierung der ZV!). Zudem verwischt die Gegenansicht den Unterschied zwischen der Fahrnis- und Herausgabevollstreckung und ermöglicht so die Durchsetzung eines Herausgabeanspruchs ohne einen entsprechenden Titel (Zöller § 811 Rn. 7). Eine **Berufung auf § 811 I ist** daher **zulässig**.

> **Merken Sie:** Der Pfändungsschutz des § 811 I Nr. 1, 4, 5-7 gilt gem. § 811 II jedoch nicht, wenn der Verkäufer wegen einer durch Eigentumsvorbehalt gesicherten Geldforderung aus ihrem Verkauf vollstreckt (= einfacher Eigentumsvorbehalt, nicht verlängerter oder erweiterten Eigentumsvorbehalt!), sofern der Eigentumsvorbehalt durch Urkunden nachgewiesen wird.

bb) Maßgeblicher Ztpkt. der Beurteilung bei Änderung der Pfändbarkeit bzw. Unpfändbarkeit zwischen der Pfändung und Entscheidung über die Erinnerung (§ 766 I):

- **Fallen die Voraussetzungen des Pfändungsverbots nachträglich weg** (z.B. die Erforderlichkeit des Pkw´s zur Erreichung des Arbeitsplatzes fällt wegen fristloser Kündigung weg), so wird der Mangel geheilt.
- **Treten die den § 811 I begründenden Umstände erst nachträglich ein** (wenn also z.B. der Schuldner, der zwei Fernseher besessen hat, den zweiten, nachdem der erste gepfändet worden ist, verkauft), so bleibt nach ü.A. die Pfändung zulässig. Andernfalls könnte der Schuldner bewusst die Unpfändbarkeit herbeiführen und so den Pfändungsschutz manipulieren (Zöller § 811 Rn. 9).

cc) Ein vorheriger **Verzicht auf den Pfändungsschutz des § 811 I** ist nach allg. Ansicht unwirksam (BGH 137, 193 ff.). Denn die Pfändungsverbote des § 811 I dienen nicht nur dem Schutz des Schuldners, sondern auch dem öffentlichen Interesse an einer sozialpolitisch erträglichen Vollstreckung. I.ü. würde auch der Pfändungsschutz weitestgehend leerlaufen, da ein formularmäßiger Verzicht Gang und Gebe werden würde. Ein nachträglicher Verzicht wird dagegen wohl überwiegend zugelassen. Der Schuldner könne schließlich ja auch frei darüber entscheiden, ob er bei einem Verstoß gegen § 811 I Erinnerung einlegt oder nicht. Er ist auch nicht daran gehindert, über unpfändbare Gegenstände rechtsgeschäftlich frei zu verfügen (Rosenberg/G/S § 52 III 1; a.A. Brox/Walker Rn. 303 f.).

dd) Der Gläubiger kann den Pfändungsschutz des § 811 I Nr. 1, 5 u. 6 durch eine sog. **Austauschpfändung** umgehen (**§ 811 a** – lesen!).

> ***Bsp.:*** *Eine wertvolle Uhr kann gegen eine einfache und ein Farbfernseher kann gegen ein Schwarz-Weiß-Fernseher ausgetauscht werden.*

Wiederholungsfragen zum 7. Kapitel

1. G beauftragt den GV mit der ZV bei S. Als S hiervon erfährt, schafft er den einzigen pfändbaren Gegenstand – ein Klavier - zu seinem Kumpel D. Der GV will das Klavier daher bei D pfänden. D widerspricht jedoch mit der Begründung, das Klavier so lange verwahren zu wollen, bis mit einer Pfändung nicht mehr zu rechnen sei. Darf der GV dem D das Klavier wegnehmen?	Nach h.M. ist dem GV dies untersagt: Die Pfändung muss am rechten Ort erfolgen. D.h. die zu pfändende Sache muss sich im Gewahrsam des Schuldners (§ 808), des Gläubigers (§ 809 1. Alt.) o. eines zur Herausgabe bereiten Dritten befinden (§ 809 2. Alt.). D ist Dritter, aber nicht zur Herausgabe bereit. Der GV darf ihm das Klavier daher nicht wegnehmen. Dabei ist unerheblich, dass D sich den Gewahrsam im kollusiven Zusammenwirken mit S verschafft hat, um den Vollstreckungszugriff zu vereiteln. Denn der GV kann materielle Tatbestände nicht verlässlich prüfen; er muss sich auf äußerlich leicht erkennbare Tatsachen verlassen (Formalisierung der ZV!).
2. Was kann unser armer G denn im Bsp. 1 tun, um an das Klavier zu kommen?	Er muss den Herausgabeanspruch des S gegen D pfänden u. sich zur Einziehung überweisen lassen (§§ 846, 847, 829 ff.), sodann den D aufgrund des überwiesenen Anspruchs verklagen und den so erstrittenen Herausgabetitel gem. §§ 883 ff. vollstrecken (vgl. 13. Kap.).
3. Kann G eine Sache pfänden lassen, die der GV bereits für einen anderen Gläubiger gepfändet hat?	Ja, im Wege der Anschlusspfändung (§ 826).
4. Welchen Zweck verfolgt die Gewahrsamsvermutung des § 739?	Durch sie soll verhindert werden, dass der nichtschuldende Ehegatte (bzw. Lebenspartner i.S.d. § 739 II) die Vollstreckung in der gemeinsamen Wohnung verhindern kann (§ 809 2. Alt.!).

Fall 2 – "Waidmannsheil":

Rudi Mooslos hat auf einem von ihm gepachteten Waldgrundstück eine Jagdhütte errichtet. Einer seiner Gläubiger "beauftragt" den Gerichtsvollzieher Gnadenlos, aus einem gegen Rudi gerichteten, mittlerweile rechtskräftigen Zahlungstitel zu vollstrecken. Nach erfolgloser Aufforderung zur freiwilligen Leistung pfändet der Gerichtsvollzieher kurz und schmerzlos die Jagdhütte. Rudi ist empört und wendet sich mit der Erinnerung gegen die erfolgte Pfändung. Ist die zulässige Erinnerung begründet?

Lösungsvorschlag

Die Erinnerung ist gem. § 766 I begründet, wenn die angegriffene Maßnahme zum Ztpkt. der Entscheidung über die Erinnerung verfahrensfehlerhaft ist (vgl. ausführlich 11. Kap. D II); wenn also der GV die Jagdhütte nicht im Wege der Fahrnisvollstreckung hätte pfänden dürfen.

1. Grds. ist der GV nur für den Vollstreckungszugriff in bewegliche Sachen funktionell zuständig (vgl. §§ 753 I, 802a II Nr.4, 808 I). Bewegliche Sachen sind nur solche Sachen, die weder Grundstück noch wesentliche Grundstücksbestandteile sind. Die Jagdhütte könnte wesentlicher Bestandteil des Waldgrundstücks sein. Nach § 94 I BGB gehören zu den wesentlichen Bestandteilen eines Grundstücks die mit dem Grund und Boden fest verbundenen Sachen, insbesondere Gebäude. Die Jagdhütte ist zwar ein fest mit dem Grund und Boden des Waldgrundstücks verbundenes Gebäude und damit grds. auch ein wesentlicher Bestandteil des Grundstücks, es sei denn sie ist als Scheinbestandteil i.S.d. § 95 I BGB anzusehen. Denn Scheinbestandteile gehören nicht zu den Bestandteilen eines Grundstücks; sie sind nur zu einem vorübergehenden Zweck mit dem Grund und Boden verbunden. Maßgebend hierfür ist, ob eine spätere Trennung zur Zeit der Verbindung beabsichtigt ist. Da R nur Pächter des Grundstücks ist, spricht zunächst einmal eine tatsächliche Vermutung dafür, dass er die Hütte nur vorübergehend, d.h. für die Dauer des Pachtvertrages mit dem Grund und Boden fest verbunden hat. An diesen äußeren Tatbestand hat der GV sich zu orientieren (Formalisierung der ZV!). Der GV hat also im Ztpkt. der Beschlagnahme rechtmäßig gehandelt. Im Rahmen der Begründetheit der Erinnerung ist aber auf den Ztpkt. der Entscheidung und nicht auf den Ztpkt. der Vollstreckungshandlung abzustellen. Es wäre also für den Fall, dass R die Eigenschaft der Hütte als Scheinbestandteil bestreitet, Beweis hierüber zu erheben. Die Beweislast für die Voraussetzungen des § 95 I BGB träfe dann den die ZV betreibenden Gläubiger. Mangels Anhaltspunkte im Sachverhalt ist jedoch nicht von einem Bestreiten auszugehen.

2. Die Erinnerung ist daher unbegründet.

Fall 3 – "Der ausgeraubte Gerichtsvollzieher":

Abwandlung von Fall 2: Nach erfolgter Aufforderung zur freiwilligen Leistung bekommt Rudi Angst und zahlt. Gnadenlos zieht daher ohne Hütte von dannen, um dem Vollstreckungsgläubiger das Geld zu bringen. Auf seinem Weg dorthin trifft er jedoch auf Bruno Brutalo, der ihm (dem Gerichtsvollzieher) gnadenlos auf die Nase haut und ihm das Geld abnimmt. Gnadenlos, der noch immer ganz benommen ist, fragt, ob Rudi noch einmal zahlen muss?

Lösungsvorschlag

1. Zahlt der Schuldner so wie hier auf einen rechtskräftigen Titel, leistet er zum Zwecke der Erfüllung. Es fragt sich jedoch, ob die titulierte Forderung bereits mit Leistung an den GV oder erst mit Aushändigung des Geldes an den Gläubiger erlischt.

Man könnte meinen, der GV handelt bei der Entgegennahme freiwilliger Zahlungen im Gegensatz zur Pfändung nicht hoheitlich, sondern als Vertreter und Besitzmittler des Gläubigers. Das hätte zur Folge, dass bereits mit Zahlung an den GV ggü. dem Gläubiger Erfüllung eintritt (§§ 929 S.1, 164 ff. BGB). R wäre dann auch nicht zur nochmaligen Zahlung verpflichtet.

Dem ist jedoch entgegenzuhalten, dass die Aufforderung zur freiwilligen Leistung der Pfändung unmittelbar vorgeschaltet ist und daher auch im unmittelbaren Zusammenhang mit dieser steht. Zudem erfolgt die "freiwillige" Leistung i.d.R. unter dem Druck der drohenden Pfändung. Es liegt daher der Schluss nahe, den GV auch bei der Aufforderung zur freiwilligen Leistung als hoheitlich handelndes Organ einzustufen. Das hätte zur Folge, dass der Gläubiger erst Eigentum an dem Geld erwirbt, wenn es ihm von dem GV kraft Hoheitsakt übertragen wird. Trotz fehlender Erfüllung muss aber der Gläubiger nach Übergabe an den GV die Leistungsgefahr analog § 815 III tragen. Andernfalls würde der Schuldner bei freiwilliger Leistung schlechter stehen als bei zwangsweiser Durchsetzung. Dies wäre unbillig (BGH NJW 09, 1085).

2. Es kann also dahingestellt bleiben, ob die titulierte Forderung durch Erfüllung oder durch Untergang der Leistung nach Gefahrübergang erloschen ist, da R nach beiden Ansichten nicht noch einmal zur Leistung verpflichtet ist (a.A. vertretbar, vgl. ausführlich 7. Kap. II 1 zu diesem Problem).

Fall 4 – "Bodo will baggern!":

Bodo betreibt ein Kieswerk. "Kies" hat er aber nicht. Daher erwirkt einer seiner Gläubiger einen Vollstreckungsbescheid über 10.000 € gegen ihn und weist den Gerichtsvollzieher Greif telefonisch an, einen von Bodos Baggern zu pfänden, da ansonsten bei ihm nichts zu holen ist. Gesagt, getan: Greif macht sich mit einem Bagger vom Acker. Bodo will diesen aber wieder haben und legt daher gegen die Pfändung Erinnerung mit der Begründung ein, es hätte dem Gläubiger vor Beginn der Vollstreckung eine Klausel erteilt werden müssen. Zudem verstoße die Pfändung gegen § 811 I Nr. 5, da er (der Bodo) den Bagger zur Kiesgewinnung benötige. Ist die zulässige Erinnerung begründet?

Lösungsvorschlag

Die Erinnerung ist nach § 766 I begründet, wenn die angegriffene Vollstreckungsmaßnahme verfahrensfehlerhaft ist; wenn also die für die Vornahme der Pfändung vom GV zu beachtenden Voraussetzungen nicht vorliegen. Dabei hat von Amts wegen - über konkrete Rügen hinaus - eine umfassende Prüfung der angegriffenen Maßnahme auf ihre Verfahrensmäßigkeit zu erfolgen.

I. Es müssen daher zunächst die **allgemeinen Vollstreckungsvoraussetzungen** vorliegen.

1. Fraglich ist bereits, ob der telefonische **Antrag** des Gläubigers, eine bestimmte Sache zu pfänden, zulässig ist. Der Antrag ist grds. zwar nicht formbedürftig, er kann daher mündlich (auch telefonisch) gestellt werden (§§ 753, 754). Grds. muss der Gläubiger dem GV aber einen sog. Generalauftrag erteilen, weil er nicht einseitig ohne die Interessen des Schuldners zu berücksichtigen, das Vollstreckungsobjekt festlegen kann. An Weisungen des Gläubigers ist der GV nur soweit gebunden, als dass diese nicht dem Gesetz oder der Geschäftsanweisung für GV (GVGA) widersprechen. Gem. § 58 I GVGA ist der GV auch verpflichtet, die Interessen des Schuldners zu wahren. Die Weisung, einen Bagger zu pfänden, verstößt nicht gegen die berechtigten Interessen des B, da offensichtlich keine anderen pfändbaren Gegenstände vorhanden sind. Es liegt daher ein ordnungsgemäßer Antrag vor.

2. Der Vollstreckungsbescheid ist gem. § 794 I Nr. 4 ein **Vollstreckungstitel**.

3. Einer **Klausel** bedarf es bei Vollstreckungsbescheiden – entgegen der Auffassung des B – grds. nicht (§§ 795 S. 1, 796 I).

4. Schließlich ist auch davon auszugehen, dass eine **Zustellung** nach § 750 I stattgefunden hat. Sie erfolgt bei Vollstreckungsbescheiden i.d.R. gem. § 699 IV S. 1 von Amts wegen.

Die allgemeinen Vollstreckungsvoraussetzungen liegen daher vor.

II. **Besondere Vollstreckungsvoraussetzungen** sind vorliegend nicht zu beachten. Insbesondere bedarf es bei einer ZV aus einem Vollstreckungsbescheid nicht des Nachweises der Sicherheitsleistung gem. § 751 II, da Vollstreckungsbescheide nach § 700 I i.V.m. § 708 Nr.2 ohne Sicherheitsleistung vorläufig vollstreckbar sind.

III. **Vollstreckungshindernisse** sind nicht ersichtlich.

IV. Weiter müsste die **konkrete Vollstreckungsmaßnahme** ordnungsgemäß durchgeführt worden sein.

1. Das setzt zunächst einmal voraus, dass der GV überhaupt zur Pfändung des Baggers **funktionell zuständig** ist. Grds. ist dies zu bejahen, da es sich bei dem Bagger um eine bewegliche Sache, in die wegen einer Geldforderung vollstreckt wird, handelt (§§ 753, 802a II Nr.4, 808 I). Um jedoch die wirtschaftliche Einheit eines Grundstücks nicht zu gefährden, wird dieser Grundsatz gem. § 865 II S. 1 i.V.m. § 865 I dahingehend eingeschränkt, dass Grundstückszubehör schlechthin der Mobiliarvollstreckung entzogen ist, soweit es in den Haftungsverband einer Hypothek fällt. Es unterliegt dann ausschließlich der Immobiliarvollstreckung:

a) Bei dem Bagger handelt es sich zweifelsohne um Zubehör i.S.d. § 97 BGB, da er dem wirtschaftlichen Zweck der Kieskuhle (sprich des Grundstücks) dient und zu dem Grundstück in dem erforderlichen räumlichen Verhältnis steht.

b) Er gehört auch zum fiktiven Hypothekenverband (§ 1120 BGB). Ob eine Hypothek an dem betreffenden Grundstück tatsächlich besteht, ist für § 865 unerheblich (Formalisierung der ZV!). Es kommt nur darauf an, ob das Zubehör der Hypothekenhaftung unterliegen würde, wenn eine Hypothek tatsächlich bestehen würde. Das ist hier der Fall, denn der Bagger steht im Eigentum des B und die Voraussetzungen der §§ 1121, 1122 BGB liegen nicht vor.

Der Bagger ist damit nach § 865 II S. 1 unpfändbar.

> **Merken Sie:** Die Frage der funktionellen Zuständigkeit kann auch bereits im Rahmen der allg. Vollstreckungsvoraussetzungen behandelt werden. Das ist eine reine Geschmacksfrage.

2. Auf die Frage, ob der Bagger gem. § 811 I Nr. 5 unpfändbar ist, kommt es mithin nicht mehr an.

V. **Ergebnis:** Die Erinnerung ist begründet.

8. Kapitel
Die Rechtsfolgen der Pfändung

Führt das Vollstreckungsorgan die Pfändung (= Beschlagnahme) wirksam durch, hat dies unstreitig die sog. Verstrickung des Vollstreckungsobjekts zur Folge. Ob daneben ohne weiteres auch ein Pfändungspfandrecht an dem Vollstreckungsobjekt entsteht oder ob noch zusätzliche Voraussetzungen hinzutreten müssen, ist dagegen umstritten.

A. Die Verstrickung

Die Verstrickung begründet ein öffentlichrechtliches Gewaltverhältnis über den Gegenstand der Vollstreckung und entzieht dem materiell Berechtigten die Verfügungsgewalt (§§ 136, 135 BGB). Strafrechtlichen Schutz genießt die Verstrickung nach § 136 I StGB.

I. Entstehung der Verstrickung

Sie ist Folge eines jeden wirksamen, d.h. nicht nichtigen Vollstreckungsakts, und zwar auch dann, wenn die zu vollstreckende Forderung nicht besteht oder das Pfandobjekt nicht dem Vollstreckungsschuldner gehört. Letzteres gilt allerdings nur, sofern es sich hierbei um eine bewegliche Sache handelt. Ist dagegen eine dem Schuldner nicht zustehende oder nicht (mehr) existierende Forderung Vollstreckungsobjekt, ist die Pfändung "ein Schlag ins Leere" (s. 12. Kap. A I 2.). Nur ausnahmsweise - bei grundlegenden, schweren Mängeln - ist die Pfändung und damit auch die Verstrickung nichtig (vgl. § 44 VwVfG). Bei sonstigen Verstößen ist der fehlerhafte Vollstreckungsakt lediglich mit der Erinnerung (§ 766) anfechtbar oder bei materieller Rechtswidrigkeit auf Rechtsbehelf (vgl. §§ 767, 771) des Betroffenen aufzuheben.

> ***Bsp.:*** *Wird eine schuldnerfremde Sache nach § 808 I gepfändet, so bleibt die Pfändung so lange wirksam, bis sie aufgrund einer Drittwiderspruchsklage (§ 771) seitens des Eigentümers aufgehoben wird.*

Im **Einzelnen** gilt Folgendes:

1. Ein **Verstoß gegen die allgemeinen Vollstreckungsvoraussetzungen** führt nur bei fehlendem Titel und funktioneller Unzuständigkeit des Vollstreckungsorgans (wie z.B. bei der Forderungspfändung durch den Gerichtsvollzieher, vgl. § 828) zur Nichtigkeit der Pfändung.

Ob die Vollstreckungsmaßnahme allerdings auch dann unwirksam ist, wenn der Gerichtsvollzieher Grundstückszubehör pfändet, das gem. § 865 II S. 1 ausschließlich der Zwangsvollstreckung in das unbewegliche Vermögen unterliegt, ist umstritten. Dies wird zum Teil mit der Begründung bejaht, dass es sich bei § 865 II S. 1 um eine Zuordnung bestimmter Gegenstände unter eine bestimmte Art der Zwangsvollstreckung und somit um eine Frage der funktionellen Zuständigkeit handelt. Andere wenden dagegen ein, dass es angesichts der häufig schwierigen rechtlichen Bewertung nicht offenkundig ist, ob es sich um Zubehör handelt oder nicht. Der Gerichtsvollzieher müsse aber schnell handeln. Die Rechte des

Schuldners und des Grundpfandgläubigers werden ausreichend dadurch gewahrt, dass sie die Erinnerung (§ 766) einlegen können. Der Grundpfandgläubiger hat zudem die Möglichkeit, Drittwiderspruchsklage (§ 771) zu erheben (vgl. bereits 7. Kap. I 2 c).

Eine Pfändung ohne Klausel (§§ 724 ff.) oder vor Zustellung (§ 750 I) ist lediglich nach § 766 anfechtbar (BGH 66, 79).

2. Die **Missachtung besonderer Vollstreckungsvoraussetzungen** (wie z.B. der §§ 751 II, 756, 765) **sowie** das Übersehen von **Vollstreckungshindernissen** (wie z.B. der § 775, § 89 InsO) führt ebenfalls nur zur Rechtswidrigkeit und damit zur Anfechtbarkeit der Vollstreckungsmaßnahme.

3. Soweit ein **Verstoß gegen die Pfändungsvorschriften** in Betracht kommt, sind zunächst die verschiedenen Vollstreckungsarten auseinanderzuhalten.

a) Bei **Vollstreckung einer Geldforderung in körperliche Sachen** (§§ 808-827) führt die fehlende Inbesitznahme (§ 808 I) oder die unzureichende Kenntlichmachung des Pfändungsaktes (§ 808 II S. 2) durch den Gerichtsvollzieher (z.B. Pfandsiegel in der Schublade) zur Nichtigkeit; spätere Unkenntlichmachung (z.B. Entfernen des Pfandsiegels durch den Schuldner) ist unschädlich (Thomas/Putzo § 808 Rn. 14).

Hat bereits die Erstpfändung aus den genannten Gründen nicht zu einer Verstrickung geführt, ist auch eine mögliche Anschlusspfändung (§ 826) unwirksam. Darüber hinaus ist diese nichtig, wenn eine ordnungsgemäße Protokollierung unterblieben ist.

Sonstige Verstöße, vor allem die Fehlbeurteilung der Gewahrsamsverhältnisse (§ 808), der Bereitschaft zur Herausgabe (§ 809), der Unpfändbarkeit (§ 811 I) sowie der allgemeinen Pfändungsverbote (§ 803) haben lediglich die Anfechtbarkeit zur Folge.

b) Wie bei der Sachpfändung stehen auch **Mängel bei der Forderungspfändung** – und der Pfändung anderer Vermögensrechte (§§ 828-863) – einer wirksamen Verstrickung i.d.R. nicht entgegen; sie machen den Vollstreckungsakt (=Pfändungsbeschluss) nur anfechtbar.

Ausnahmsweise ist die Pfändung jedoch unwirksam, wenn eine Zustellung des Pfändungsbeschlusses an den Drittschuldner nicht erfolgt ist (vgl. § 829 III) oder die Pfändung einer Hypothekenforderung nicht im Grundbuch eingetragen worden ist (§ 830 I S. 3). Unwirksamkeit liegt auch – im Unterschied zur Sachpfändung – bei Beschlagnahme einer nicht bestehenden oder nicht dem Schuldner zustehenden Forderung vor. Mangels Publizitätsaktes soll auch – im Gegensatz zur Sachpfändung – keine Heilung analog § 185 II BGB möglich sein, wenn der Schuldner die Forderung später erwirbt. Der Vollstreckungsgläubiger muss also die dem Vollstreckungsschuldner gegen den Drittschuldner nunmehr zustehende Forderung "erneut" pfänden lassen, damit diese verstrickt wird. Obwohl die Pfändung einer nicht dem Schuldner zustehenden Forderung "ein Schlag ins Leere ist", wird dem Forderungsinhaber die Drittwiderspruchsklage zugebilligt, um eine Gefährdung seiner Forderung durch die scheinbare Pfändung zu verhindern. Der Drittschuldner kann der scheinbaren Pfändung mit der Erinnerung begegnen, um nicht aufgrund des Anscheins einer wirksamen Pfändung von dem Vollstreckungsgläubiger in Anspruch genommen zu werden (s. näher 11. Kap. B I 4.).

c) Von den **sonstigen Vermögensrechten** soll nur das Anwartschaftsrecht an beweglichen Sachen wegen seiner besonderen Art der Pfändung erwähnt werden. Da nach h.M. – der sog. Theorie der Doppelpfändung – der Gläubiger die Sache selbst nach den §§ 808, 809 und das Anwartschaftsrecht nach den §§ 857, 829 pfänden muss (s. näher 14. Kap. III 2.), gilt das über die Verstrickung zur Sach- und Forderungspfändung Gesagte kumulativ.

II. Beendigung der Verstrickung

Die Verstrickung **erlischt**, wenn

- die Pfändung durch das Vollstreckungsorgan aufgehoben wird (sog. Entstrickung, vgl. § 776),
- ein gutgläubiger, lastenfreier Erwerb eines Dritten vorliegt (§§ 136, 135 II, 932, 936 BGB),

  Bsp.: *Der Schuldner S löst eigenmächtig das Pfandsiegel von dem gepfändeten Gegenstand und veräußert diesen an den nichtsahnenden D.*
- die Verwertung beendet worden ist (z.B. bei Versteigerung mit Ablieferung der Sache an den Ersteigerer)
- nach §§ 946, 950 BGB die Verbindung bzw. Verarbeitung der gepfändeten Sache erfolgt ist.

Sie **erlischt** dagegen **nicht** durch

- Freigabeerklärung des Gläubigers analog § 843 (h.M.: Brox/Walker Rn. 369 mwN; § 843 gilt nur im Rahmen der Forderungspfändung)
- Ablösen bzw. Abfallen des Pfandsiegels
- unfreiwilligen Besitzverlust des GV an der Sache

  Gelangt die Sache in den Gewahrsam eines Dritten, muss der GV oder der Gläubiger auf Herausgabe klagen. Die h.M. lehnt ein **sog. Verfolgungsrecht** des GV, d.h. das Recht zur eigenmächtigen Wegnahme der verstrickten Sache mangels Ermächtigungsgrundlage, ab (LG Bochum DGVZ 90, 73, a.A. Thomas/Putzo § 809 Rn. 8).

B. Das Pfändungspfandrecht (§ 804)

Wie bereits eingangs erwähnt, besteht über Rechtsnatur und Entstehungsvoraussetzungen des Pfändungspfandrechts Streit, bei dem es im Wesentlichen darum geht, ob das Pfändungspfandrecht unmittelbare Folge der wirksamen Verstrickung ist oder ob daneben noch die §§ 1204 ff. BGB zu beachten sind. Es werden hierzu drei Hauptströmungen vertreten, von denen jede zahlreiche Varianten aufweist. Da sämtliche Ansichten als gemeinsamen Nenner eine wirksame Verstrickung fordern, spielt der Theorienstreit (abgesehen von seltenen noch zu erläuternden Ausnahmen) praktisch nur eine Rolle, wenn wegen einer Geldforderung in körperliche Sachen vollstreckt wird. Denn körperliche Sachen können selbst dann verstrickt werden, wenn sie nicht zum Schuldnervermögen gehören. Vollstreckt der Gläubiger dagegen in eine dem Schuldner gegen einen Drittschuldner zustehende Geldforderung (§§ 829 ff.), wird diese nur verstrickt, wenn sie auch tatsächlich dem Schuldner zusteht; andernfalls ist sie "ein Schlag ins Leere" (s. näher 12. Kap. A I 2.). Gleiches gilt für die ZV wegen einer Geldforderung in einen Herausgabeanspruch (§§ 846, 829 ff.) und in ein sonstiges Vermögensrecht (§§ 857, 829 ff.).

I. Die rein privatrechtliche Theorie zum Pfändungspfandrecht

Die früher herrschende (std. Rspr. bis RG 156, 395), heute nur noch vereinzelt vertretene, rein privatrechtliche Theorie erblickt in dem Pfändungspfandrecht eine dritte Art des privatrechtlichen Pfandrechts, das neben dem durch Vertrag und Gesetz begründeten Pfandrecht tritt und die Grundlage der Verwertung bildet (Pesch JR 93, 358). Es gelangt dementsprechend nur zur Entstehung, wenn neben einer wirksamen Verstrickung die Erfordernisse eines privatrechtlichen Pfandrechts gegeben sind, d.h.

- die zu vollstreckende Forderung muss nach dem Akzessorietätsgrundsatz bestehen
- und die Pfandsache muss zum Vermögen des Schuldners gehören.
- Die an sich erforderliche Verpfändungserklärung des Schuldners (vgl. § 1205 I S. 1 BGB) wird allerdings durch die Pfändung (§ 808) ersetzt.

Ein gutgläubiger Erwerb bei Nichtzugehörigkeit des Pfandobjekts zum Schuldnervermögen analog § 1207 BGB ist nicht möglich, da es sich nicht um einen rechtsgeschäftlichen Erwerb handelt.

II. Die gemischt privatrechtlich-öffentlichrechtliche Theorie

Die heute herrschende gemischte Theorie geht zwar, wie die rein privatrechtliche Auffassung, davon aus, dass es sich bei dem Pfändungspfandrecht um ein akzessorisches und rein privatrechtliches Pfandrecht handelt. Grundlage der Verwertung soll jedoch nicht das Pfändungspfandrecht, sondern die Verstrickung sein. Diese ist aufgrund der hoheitlichen Stellung des Vollstreckungsorgans öffentlichrechtlicher Natur und somit – im Gegensatz zum Pfändungspfandrecht – nicht an materielle Erfordernisse geknüpft. Es ist also die Begründung des Pfandrechts strikt von der Verwertung des Pfandobjekts zu trennen. Die Entstehungsvoraussetzungen sind im Wesentlichen die gleichen wie nach der rein privatrechtlichen Auffassung:

- Das Pfandobjekt muss (abgesehen von Ordnungsvorschriften wie z.B. die §§ 758 a, 812) formell ordnungsgemäß, d.h. unter Beachtung der wesentlichen Vollstreckungsvoraussetzungen, gepfändet werden
- es müssen die Voraussetzungen eines BGB-Pfandrechts vorliegen. Im Gegensatz zur rein privatrechtlichen Konzeption ist allerdings nicht das wirkliche Bestehen einer Forderung des Gläubigers erforderlich. Es reicht (so der überwiegende Teil der Vertreter dieser Theorie) die rechtskräftige Feststellung in dem noch nicht gem. § 767 oder auf anderer Weise beseitigten Titel - ungeachtet der materiellen Rechtslage.

Grund für die Unterscheidung zwischen dem als privatrechtlich zu qualifizierenden Pfändungspfandrecht einerseits und der hoheitlichen Verwertungsgrundlage andererseits sind die gewandelten Anschauungen über die Rechtsnatur von Pfändung und Verwertung: Die Väter der CPO von 1877 konzipierten die ZV privatrechtlich, d.h. die Rechtsbeziehungen zwischen Vollstreckungsgläubiger, GV und Titelschuldner waren allesamt privatrechtlich ausgestaltet. In den Ländern, in dessen Kompetenz die Organisation des Gerichtsvollzieherwesens fiel, war der GV "freier, vom Vollstreckungsgläubiger beauftragter und vergüteter Unternehmer". Er agierte dementsprechend als "verlängerter Arm" des Gläubigers. Das Recht des GV konnte sich dementsprechend auch nur aus einem Recht des die ZV betreibenden Gläubigers ableiten, nämlich dem Pfändungspfandrecht. Diese Rechtsmacht konnte aber nur eine materielle sein, da Gläubiger und Schuldner (i.d.R.) Privatrechtssubjekte sind. Ab der Jahrhundertwende wurden die GV zu staatlich verbeamteten Vollstreckungsorganen umfunktioniert. Dem GV oblagen ggü. dem Gläubiger daher keine Vertragspflichten mehr, sondern vielmehr Amtspflichten. Demzufolge war das Verhältnis zwischen Gläubiger und GV nunmehr auch öffentlichrechtlicher Natur. Die rein privatrechtliche Konzeption vom Pfändungspfandrecht konnte also nicht mehr aufrechterhalten werden. Aber wegen der nach wie vor unverändert als privatrechtlich zu qualifizierenden Beziehung zwischen Gläubiger und Schuldner ist das Pfändungspfandrecht privatrechtlich geblieben.

III. Die öffentlichrechtliche Theorie

Die Vertreter der im Schrifttum weit verbreiteten öffentlichrechtlichen Theorie erblicken in dem Pfändungspfandrecht ein vom bürgerlichen Recht wesensverschiedenes nichtakzessorisches Pfandrecht, das mit jeder wirksamen, d.h. nicht nichtigen Pfändung entsteht, ohne dass weitere Voraussetzungen hinzutreten müssen. Dieses öffentliche Pfandrecht ist die Grundlage der Verwertung.

IV. Die Auswirkungen des Theorienstreits

Die praktische Bedeutung des Theorienstreits ist nur gering.

1. Übereinstimmende Ergebnisse

Zu den gleichen Ergebnissen, wenn auch mit unterschiedlicher Begründung, kommen die Theorien in folgenden Fällen:

a) Schutzansprüche: Nach § 1227 BGB werden dem Pfandgläubiger auch gegen Dritte, die nicht Gläubiger i.S.d. § 804 II 1. HS. sind, die gleichen Rechte wie dem Eigentümer eingeräumt (z.B. §§ 985 ff., 1004 BGB):

Während die gemischte und rein private Theorie aufgrund des privatrechtlichen Verständnisses vom Pfändungspfandrecht zu einer unmittelbaren Anwendung des § 1227 BGB gelangen, wendet die öffentlichrechtliche Theorie diese Vorschrift – wegen des öffentlichrechtlichen Charakters des Pfändungspfandrechts – analog an. Es wäre auch nicht vertretbar, den Gläubiger nach § 804 II 1. HS. i.V.m. § 1227 BGB nur vor Beeinträchtigungen anderer Gläubiger, nicht aber vor Beeinträchtigungen Dritter zu schützen.

b) Verwertung: Der Ersteher erwirbt in der öffentlichen Versteigerung (§§ 814 ff., s. dazu ausführlich 9. Kap.) kraft Hoheitsaktes Eigentum an der ersteigerten Sache – auch wenn die materiellen Voraussetzungen eines BGB-Pfandrechts nicht gegeben sind:

Zwar entsteht dann nach der gemischten Theorie kein Pfändungspfandrecht. Da aber nicht das Pfandrecht, sondern die Verstrickung die Grundlage der Verwertung ist, spielt dies keine Rolle. Die öffentliche Theorie, nach der das Pfändungspfandrecht die Verwertungsgrundlage bildet, kommt zum selben Ergebnis, weil bereits mit jeder wirksamen Verstrickung ein Pfändungspfandrecht zugunsten des Gläubigers entsteht. Lediglich die rein privatrechtliche Konzeption, die ebenfalls im Pfändungspfandrecht die Befugnis zur Verwertung erblickt, beurteilt diese Fallgestaltung anders. Da nur bei Vorliegen der materiellen Voraussetzungen des bürgerlich rechtlichen Pfandrechts ein Pfändungspfandrecht zur Entstehung gelangen könne, könne der Ersteigerer auch nur dann Eigentum gem. § 1244 BGB erwerben, wenn er gutgläubig vom Vorliegen eines Pfändungspfandrechts ausgeht.

c) Erlös: Bei der Verwertung einer schuldnerfremden Sache gebührt der Versteigerungserlös nicht dem Gläubiger, sondern dem früheren Eigentümer, der sein Eigentum ja durch Hoheitsakt verloren hat; der Vollstreckungsgläubiger wird um den vom Gerichtsvollzieher ausgekehrten Versteigerungserlös ungerechtfertigt bereichert und muss ihn deshalb nach § 812 I S. 1 2. Fall BGB an den früheren Eigentümer der versteigerten Sache herausgeben (s. umfassend 10. Kap. II 9.).

Nach den privaten Theorien fehlt es mangels Pfändungspfandrecht an einem Rechtsgrund für das Behaltendürfen des Erlöses. Die öffentliche Theorie bejaht zwar die Entstehung eines Pfändungspfandrechts, dieses gewähre dem Gläubiger aber nur ein formelles Verwertungsrecht und nicht auch ein den Rechtsgrund bildendes materielles Befriedigungsrecht.

d) Beendigung der Verstrickung: Erlischt die Verstrickung, geht auch das unlösbar mit ihr verknüpfte Pfändungspfandrecht unter.

2. Abweichende Ergebnisse

Zu unterschiedlichen Ergebnissen gelangen die Theorien, wenn es maßgeblich auf den Entstehungszeitpunkt des Pfandrechts ankommt (unten a) oder das Erlöschen des Pfandrechts trotz fortbestehender Verstrickung in Frage steht (unten b).

a) Der **Entstehungszeitpunkt** ist insbesondere entscheidend, wenn

- es zwischen mehreren Gläubigern um die Ermittlung der Rangverhältnisse geht (§§ 804 III, 827, 872 ff.)
- oder der Schuldner in die Insolvenz geraten ist

aa) Bei der **Ermittlung der Rangverhältnisse** (§§ 804 III, 827, 872 ff.) kommen die Theorien zu abweichenden Ergebnissen, wenn der Versteigerungserlös nicht zur Befriedigung sämtlicher Gläubiger ausreicht.

> ***Bsp.:*** *Der GV pfändet für Gläubiger X – der Rechtsnachfolger des Titelgläubers E ist - eine Wanduhr beim Schuldner S, ohne dass dem S zuvor oder gleichzeitig die Klausel nach § 727 zugesellt worden ist. Einige Tage später pfändet der GV dieselbe Wanduhr ordnungsgemäß durch Anschlusspfändung (§ 826) für den Gläubiger Y. Wer ist vorrangig zu befriedigen, wenn der Versteigerungserlös nicht zur Befriedigung beider Gläubiger ausreicht?*

Da der zeitliche Rang der Pfändungspfandrechte über die Rangfolge der Befriedigung der beteiligten Gläubiger entscheidet (§§ 804 III, 827 II sog. **Prioritätsprinzip**), kommt es maßgeblich darauf an, wessen Pfandrecht zu erst entstanden ist. Analog § 1247 S. 2 BGB setzen sich die Rechte, die an der versteigerten Sache bestanden haben, am Erlös fort.

Nach der öffentlichen Theorie hat X vorrangig (analog § 1247 S. 2 BGB) ein Pfändungspfandrecht an dem Versteigerungserlös erworben, denn die zur Entstehung eines Pfändungspfandrechts führende Verstrickung ist trotz fehlender Zustellung (§ 750 II) wirksam (s.o. A). X wäre folglich auch vor Y zu befriedigen.

Die gemischte Theorie erblickt dagegen in der fehlenden Zustellung der Klausel – im Unterschied zu bloßen Ordnungsvorschriften – eine Missachtung einer wesentlichen Vollstreckungsvoraussetzung, die zwar zur Verstrickung, aber nicht zur Entstehung eines Pfändungspfandrechts führt. Ein solcher Mangel kann lediglich mit ex nunc Wirkung geheilt werden, da nicht einzusehen ist, warum der fehlerhafte Vollstreckungsakt dem Gläubiger vor einem anderen ordnungsgemäß vorgehenden Gläubiger eine Vorzugsstellung verschaffen soll. Der gemischten (und privaten) Theorie zur Folge wäre also Y vor X zu befriedigen.

> **Merken Sie:** Geht es – wie im Beispiel – um die Verletzung wesentlicher Vollstreckungsvoraussetzungen, spielt der Theorienstreit ausnahmsweise auch im Rahmen der Forderungspfändung eine Rolle.

Weiteres Bsp.: *Der GV pfändet für X ordnungsgemäß eine im Gewahrsam des Schuldners S befindliche Wanduhr, die jedoch nicht diesem gehört. Einen Tag später pfändet der GV dieselbe Uhr für Y (§ 826). Wiederum einen Tag später erwirbt S Eigentum an der gepfändeten Uhr. Wer ist vorrangig zu befriedigen, wenn der erzielte Erlös nicht zur Befriedigung beider Gläubiger ausreicht?*

Nach der öffentlichen Theorie kommt das Pfändungspfandrecht, unabhängig von der Eigentümerstellung des Vollstreckungsschuldners, bereits mit der wirksamen Verstrickung zustande. Somit hat X vorrangig vor Y ein Pfändungspfandrecht an dem Erlös analog § 1247 S. 2 BGB erworben und ist damit auch vorrangig zu befriedigen.

Den privaten Theorien zur Folge konnte ein Pfändungspfandrecht an der schuldnerfremden Sache nicht entstehen. Analog § 185 II S. 1 2. Alt. BGB entstehen die Pfandrechte aber gleichzeitig mit dem Eigentumserwerb des Vollstreckungsschuldners (BGH 56, 351). Umstritten ist jedoch, ob gleichzeitige Entstehung auch gleichrangige Entstehung heißt. Zum Teil wird dies mit einer analogen Anwendung des § 185 II S. 2 BGB verneint, wonach bei mehreren, nicht in Einklang stehenden Verfügungen nur die frühere wirksam wird (Palandt § 185 Rn. 12). Gegen eine analoge Anwendung des § 185 II S. 2 BGB spricht jedoch, dass mehrere Pfändungen sich – wie § 826 gerade zeigt – nicht widersprechen, also sehr wohl miteinander in Einklang stehen. Zudem müsste eine analoge Anwendung des § 185 II S. 2 an sich dazu führen, dass die zweite Pfändung gar nicht wirksam wird und Y gänzlich leer ausginge. X´s und Y´s Pfandrechte sind also auch gleichrangig zur Entstehung gelangt, sodass der Erlös nach dem Verhältnis der titulierten Forderungen aufzuteilen ist.

bb) Ist der **Schuldner in die Insolvenz geraten**, kommen die verschiedenen Theorien ebenfalls häufig zu unterschiedlichen Ergebnissen.

Bsp.: *Der GV pfändet für den Gläubiger G einen Videorekorder bei S, den dieser unter Eigentumsvorbehalt gekauft hatte. Zwei Monate später, noch vor Zahlung der letzten Kaufpreisrate, wird S insolvent. G verlangt abgesonderte Befriedigung gem. §§ 166 ff., 50 I 2. Alt. InsO. Zu Recht?*

Der öffentlichrechtlichen Theorie zur Folge hätte G noch einen Monat vor Eröffnung des Insolvenzverfahrens (§ 88 InsO) aufgrund der wirksamen Verstrickung ein Pfändungspfandrecht erworben und wäre somit auch zur abgesonderten Befriedigung berechtigt.

Die privaten Theorien gelangen zum gegenteiligen Ergebnis: Vor Eröffnung des Insolvenzverfahrens war der Erwerb eines Pfändungspfandrechts mangels Eigentümerstellung des Schuldners nicht möglich. Danach scheitert der Erwerb an §§ 89, 91 InsO.

b) Das **Erlöschen des Pfändungspfandrechts bei fortbestehender Verstrickung** lässt sich nur auf Grundlage der privaten Theorien nach den Vorschriften des BGB bejahen.

- Erlischt die titulierte Forderung (z.B. durch Erfüllung gem. § 362 I BGB), so geht analog § 1252 BGB auch das Pfändungspfandrecht unter.
- Bei freiwilliger Rückgabe der Pfandsache durch den Gläubiger erlischt das Pfändungspfandrecht in analoger Anwendung des § 1253 BGB. Dem soll es gleichstehen, wenn der Gläubiger das Pfandsiegel entfernt.
- Bei Verzicht erlischt das Pfändungspfandrecht analog § 1255 BGB unter Aufrechterhaltung der Verstrickung.
- Schließlich ist ein gutgläubiger lastenfreier Erwerb möglich (§ 936 BGB). Bezieht sich die Gutgläubigkeit bereits auf die fehlende Verstrickung, so erlischt das Pfandrecht schon aus diesem Grunde (auch nach der öffentlichrechtlichen Theorie).

3. Stellungnahme

Kommen die Theorien zu abweichenden Ergebnissen, ist eine Stellungnahme nötig.

a) Gegen die **rein privatrechtliche Auffassung** spricht vor allem das eingangs erläuterte gewandelte Verständnis von der Rechtsnatur der Zwangsvollstreckung; sie vermag dem öffentlichrechtlichen Charakter von Pfändung und Verwertung nicht gerecht zu werden und ist daher als überholt anzusehen.

b) Die Schwäche der **öffentlichrechtlichen Theorie** besteht in der Konstruktion des Pfändungspfandrechts als Annex der wirksamen Pfändung. Es teilt damit ihr Schicksal; ist sie unwirksam, so entsteht auch nicht das Pfändungspfandrecht; ebenso endet es immer nur mit dem Erlöschen der Pfändung, auch wenn vorher der beizutreibende Anspruch untergeht. Eine rechtliche Eigenbedeutung kommt dem Pfändungspfandrecht also nicht zu, es symbolisiert nur die verfahrensrechtliche Stellung des Gläubigers und wird somit praktisch bedeutungslos. Ein solcher Schluss widerspricht eindeutig dem Gesetzeswortlaut des § 804 I.

Die Schwächen dieser Konstruktion treten besonders deutlich bei der Frage nach dem bereicherungsrechtlichen Ausgleich zu Tage, wenn eine schuldnerfremde Sache verwertet worden ist (s. hierzu ausführlich 10. Kap.). Um interessengemäße Ergebnisse zu erzielen, gewährt der überwiegende Teil der öffentlichrechtlichen Theorie unter Aufgabe der rein öffentlichen Konstruktion einen bereicherungsrechtlichen Ausgleichsanspruch des früheren Eigentümers gegen den Gläubiger. Der Rückgriff auf das materielle Recht wird mit der Begründung gerechtfertigt, dass das Pfändungspfandrecht lediglich ein formelles Verwertungs- aber kein materielles Befriedigungsrecht darstellt. M.a.W.: Das Pfändungspfandrecht sichert nur das Bekommen, nicht aber das endgültige Behaltendürfen des Erlöses. Dies ist ein innerer Widerspruch. Zudem ist unserem Recht ein Pfandrecht, das eine Verwertungsbefugnis unabhängig von dem Recht auf Behaltendürfen des durch die

Veräußerung erzielten Erlöses gewährt, fremd (vgl. § 1228 I BGB). Dies wird von § 50 I InsO unterstrichen. Danach erhält der Gläubiger des Pfändungspfandrechts ausdrücklich ein materielles Recht zur abgesonderten Befriedigung. Es ist nicht ersichtlich, weshalb das Pfändungspfandrecht außerhalb des Insolvenzverfahrens für den Gläubiger kein solches Recht zu begründen vermag.

c) Die **gemischte Theorie** umgeht dagegen diese Konstruktionsschwierigkeiten, indem sie, den Vorstellungen des Gesetzgebers entsprechend, das materielle Recht in den Vordergrund stellt und es nur dort modifiziert, wo es der öffentlichrechtliche Charakter der Zwangsvollstreckung gebietet.

Es soll jedoch der Vollständigkeit halber darauf hingewiesen werden, dass auch die gemischte Theorie ihre Schwächen hat, was allerdings in der Falllösung aus taktischen Gründen außer Acht zu bleiben hat. Die gemischte Theorie erkennt dem Pfändungspfandrecht die einem zivilrechtlichen Pfandrecht gerade wesenstypische Funktion der Verwertungsbefugnis ab und ist daher ihrerseits widersprüchlich; denn ein Pfandrecht ohne Verwertungsbefugnis ist dem BGB fremd (§ 1204 BGB).

Wiederholungsfragen zum 8. Kapitel

1. Was setzt die Entstehung eines PfPfRs voraus?	Auf jeden Fall eine wirksame Verstrickung. Ob daneben noch die §§ 1204 ff. BGB zu beachten sind, ist umstritten.
2. Hat Gl. G ein PfPfR an einem Pfandobjekt erworben, das sich im Gewahrsam eines nicht zur Herausgabe bereiten Dritten befand?	Ja, denn trotz Missachtung des § 809 2. Alt. ist die Pfändung wirksam u. führt dementsprechend zur Verstrickung. Lediglich bei grundlegenden, schweren Mängeln ist sie nichtig (vgl. § 44 VwVfG). D.h. Gs PfPfR besteht so lange fort, bis die Pfändung auf Erinnerung (§ 766 I) hin aufgehoben wird (vgl. § 776).
3. Wie wäre es, wenn der Dritte das Pfandsiegel wieder ablöst?	Spätere Unkenntlichmachung ist unschädlich. Der Gl. erwirbt also ein PfPfR. Anders wäre es nur, wenn der GV das Pfandobjekt nicht hinreichend kenntlich gemacht hätte (z.B. Pfandsiegel in Schublade). Dann wäre der Pfändungsakt wegen eines grundlegenden Mangels nichtig. Folge: keine Verstrickung u. kein PfPfR.
4. Wie wäre es, wenn der GV eine schuldnerfremde Sache, die sich im Gewahrsam des Schuldners befindet, pfändet?	Nach der ö.-r. Th. entsteht das PfPfR mit jeder wirksamen Pfändung (= Verstrickung). Die pr. Th.en verlangen hingegen, dass neben der Verstrickung die Vorauss. eines privatrechtl. PfRs gegeben sind. Daran fehlt es hier mangels Eigentums des S (§ 1205 I BGB). Folglich erwirbt der Gl. nach den pr. Th.en kein PfPfR. Dagegen kommt das PfPfR nach der ö.-r. Th. zur Entstehung u. zwar solange, bis die Pfändung auf die Drittwiderspruchsklage (§ 771) des Eigentümers aufgehoben wird (vgl. § 776).
5. Wann kommen die verschiedenen Th.en zum PfPfR zu unterschiedlichen Ergebnissen?	Wenn es auf den Entstehungsztpkt. des PfPfRs ankommt (erarbeite hierzu die Bsp. im 8. Kap. B IV. 2. a) oder das Erlöschen des PfPfRs trotz fortbestehender Verstrickung in Frage steht.

Fall 5 – "Der Kühlschrank, der Ring, und das Kleid":

Hartmut Habenichts hat der Gläubigerbank AG zur Sicherung eines (Geld-) Darlehens seinen Kühlschrank sicherungsübereignet. Nachdem Hartmut mit der Rückzahlung der Darlehensraten in Verzug geraten ist, hat die Gläubigerbank einen Zahlungstitel gegen ihn erwirkt und die Zwangsvollstreckung in die Wege geleitet. In dem Vollstreckungsantrag weist sie den GV an, insbesondere den zur Sicherheit übereigneten Kühlschrank zu pfänden, da Hartmut kaum noch andere Vermögenswerte besitzt. Der Gerichtsvollzieher Gräßlich klingelt daher um 6:20 Uhr bei den Habenichts und pfändet – nachdem die sich noch im Halbschlaf befindende Frau Habenichts ihm Einlass gewährt hat und Gräßlich den Hartmut erfolglos zur freiwilligen Leistung aufgefordert hat – den zur Sicherheit übereigneten Kühlschrank, einen mit Diamanten besetzten Damenring und ein Abendkleid. Der Ring befand sich in einem Tresor. Die inzwischen zu sich gekommenen Eheleute Habenichts widersprechen der Pfändung zu so früher Stunde und weisen den Gerichtsvollzieher ausdrücklich darauf hin, dass der Ring und das Abendkleid im Alleineigentum der Frau Habenichts stehen. Zum Beweis ihres Eigentums an dem Ring legt Frau Habenichts sogar eine Vertragsurkunde vor, wonach ihr Vortrag klar bestätigt wird. Der Gerichtsvollzieher Gräßlich zeigt sich hiervon unbeeindruckt und schleppt den Ring und das Kleid zur Pfandkammer. Auf den Kühlschrank klebt er ein Pfandsiegel (sog. Kuckkuck). Die Eheleute Habenichts legen Erinnerung ein. Ist die Erinnerung begründet?

Lösungsvorschlag

Die Erinnerung ist gem. § 766 I begründet, wenn die angegriffene Vollstreckungsmaßnahme verfahrensfehlerhaft ist; wenn also die für die Vornahme der Pfändung vom GV zu beachtenden Voraussetzungen nicht vorliegen.

I. Es müssen daher zunächst die **allgemeinen Vollstreckungsvoraussetzungen** vorliegen.

1. Ein ordnungsgemäßer **Vollstreckungsantrag** ist gegeben. Zwar muss der Gläubiger grds. einen sog. Generalauftrag erteilen und darf nicht einseitig die Vollstreckungsobjekte festlegen, da auch die berechtigten Interessen des Schuldners zu berücksichtigen sind (vgl. § 58 GVGA). Die Weisung, den Kühlschrank zu pfänden, verstößt jedoch mangels ausreichender Vermögensmasse nicht gegen die Interessen des H (vgl. ausführlich Fall 4).

In Bezug auf den Kühlschrank könnte es jedoch für die Vollstreckung am **Rechtsschutzbedürfnis** (RSB) fehlen, da die Gläubigerin insoweit Vollstreckung in ihr eigenes Vermögen begehrt.

a) Hierfür wäre zunächst Voraussetzung, dass der GV die Eigentumsverhältnisse am Zugriffsobjekt überhaupt berücksichtigen darf.

Grds. ist ihm dies verwehrt. Allein die Gewahrsamsverhältnisse sind gem. §§ 808, 809 für den Zugriff maßgebend (Formalisierung der ZV!). Dieser Grundsatz findet jedoch dann eine Einschränkung, wenn die fehlende Zugehörigkeit zum Schuldnervermögen offensichtlich ist (sog. evidentes Dritteigentum). Das ist hier der Fall, da sich bereits aus dem Vollstreckungsgesuch der Gläubigerin ergibt, dass der Kühlschrank nicht zum Schuldnervermögen gehört. Der GV muss also ausnahmsweise die Eigentumsverhältnisse berücksichtigen.

b) Es stellt sich daher vorliegend die Frage, ob für die Pfändung gläubigereigener Sachen ein RSB besteht.

Angesichts der Novellierung des § 811 II S. 1 aus dem Jahre 1999, wonach der Zugriff des vollstreckenden Vorbehaltsverkäufers auf sein Eigentum sogar bei an sich nach § 811 I Nr. 1, 4, 5-7 unpfändbaren Sachen für zulässig erklärt wird, dürfte es kaum noch vertretbar erscheinen, von der grds. Unpfändbarkeit gläubigereigener Sachen auszugehen. Denn wenn unter den Voraussetzungen des § 811 II schon an sich unpfändbare gläubigereigene Sachen der Pfändung unterworfen sind, dann muss dies für sämtliche dem Gläubiger gehörende Sachen gleichermaßen gelten.

Die Zulässigkeit der Pfändbarkeit eigener Gegenstände war bereits vor dem 1.1.1999 von der ganz ü.A. anerkannt, die dogmatische Herleitung dieses Ergebnisses war und ist aber nach wie vor umstritten. Sie hängt maßgeblich von der Beantwortung der Frage nach der Rechtsnatur des Pfändungspfandrechts ab.

aa) Die heute nur noch vereinzelt vertretene **rein privatrechtliche Theorie** erblickt in dem Pfändungspfandrecht eine dritte Art des privatrechtlichen Pfandrechts, das neben dem durch Vertrag und Gesetz begründeten Pfandrecht tritt und die Grundlage der Verwertung bildet. Es gelangt dementsprechend nur zur Entstehung, wenn neben einer wirksamen Verstrickung die Erfordernisse eines privatrechtlichen Pfandrechts gegeben sind, d.h. die zu vollstreckende Forderung muss nach dem Akzessorietätsgrundsatz bestehen und die Pfandsache muss zum Vermögen des Schuldners gehören. Die Pfändung (=Verstrickung) ersetzt nur die Verpfändungserklärung des Schuldners.

Die Pfändung eigener Sachen ist demzufolge an sich ausgeschlossen. Ein gutgläubiger Pfandrechtserwerb gem. § 1207 BGB scheidet von vornherein aus, da kein rechtsgeschäftlicher Erwerb zu Grunde liegt.

Vertretbar ist jedoch, die Pfändung eigener Sachen als konkludenten Eigentumsverzicht zu werten (oder in Parallele zu § 1256 II BGB ein rechtliches Interesse der Gläubigerin an der Entstehung eines Pfandrechts zu konstruieren, s. hierzu ausführlich Blomeyer in Festschr. für v. Lübtow 70, 803 ff. 828). Das hätte zur Folge, dass selbst auf Grundlage einer rein privaten Konzeption die Pfändung gläubigereigener Sachen zulässig wäre.

bb) Zwar kann grds. auch nach der **gemischten Theorie** kein Pfändungspfandrecht an gläubigereigenen Sachen zur Entstehung gelangen. Grundlage der Verwertung soll jedoch nicht das Pfändungspfandrecht, sondern die Verstrickung sein (8. Kap. B II mwN). Demzufolge besteht auch ein RSB der Gläubigerin zur Vollstreckung in ihr eigenes Eigentum.

cc) Der **öffentlichen Theorie** zur Folge entsteht mit jeder wirksamen Pfändung ein Pfändungspfandrecht. Auf die Zugehörigkeit der Sache zum Schuldnervermögen kommt es nicht an. Dieses vom bürgerlichen Recht wesenverschiedene nichtakzessorische Pfandrecht bildet die Verwertungsgrundlage. Da die Gläubigerin – so wie hier – bei fremdem Gewahrsam an ihrer eigenen Sache durchaus an der zwangsweisen Verwertung ein Interesse haben kann, bestehen keine Bedenken gegen die Pfändung gläubigereigener Sachen.

Folglich besteht auch, soweit Pfändung des Kühlschranks begehrt wird, ein RSB.

Anmerkung: Im zweiten Examen soll eine praxisnahe Lösung gefunden werden. Akademische Ausführungen haben daher bei eindeutigem Ergebnis zu unterbleiben. Es genügt im vorliegenden Fall der kurze Hinweis, dass die Pfändung gläubigereigener Sachen problemlos zulässig ist. Dagegen müssen die Kandidaten im ersten Examen zeigen, dass sie "wissenschaftlich" arbeiten können und sich mit der genannten dogmatischen Herleitung auseinandersetzen, obgleich das Ergebnis eindeutig sein mag. Es bedarf lediglich keiner Streitentscheidung, da nach sämtlichen Ansichten die Pfändung gläubigereigener Sachen vertretbar zu begründen ist.

2. Ein **Titel** liegt laut Sachverhalt vor. Von der **Klauselerteilung** und **Zustellung** ist mangels entgegenstehender Anhaltspunkte auszugehen.

II. **Besondere Vollstreckungsvoraussetzungen** und **Vollstreckungshindernisse** sind vorliegend nicht zu beachten. Die ZV-Voraussetzungen sind damit erfüllt.

III. Weiter muss die **konkrete ZV-Maßnahme ordnungsgemäß** durchgeführt worden sein. Das ist der Fall, wenn der GV die Pfändung zur rechten Zeit, am rechten Ort, in der rechten Weise und im rechten Umfang durchgeführt hat.

1. Mangels amtsrichterlicher Anordnung wäre die Pfändung in der Wohnung der Eheleute H nur **zur rechten Zeit** erfolgt, wenn sie nicht zur Nachtzeit vorgenommen wäre (§ 758 a IV) und die Eheleute H ihre Einwilligung zur Wohnungsdurchsuchung erteilt hätten (§ 758 a I S.1). Die Nachtzeit umfasst die Stunden von neun Uhr abends bis sechs Uhr morgens (§ 758 a IV S.2). Frau H hat auch konkludent ihre Einwilligung zur Wohnungsdurchsuchung erteilt, indem sie dem GV Einlass gewährte. Die Pfändung um 6:20 Uhr erfolgte daher zur rechten Zeit.

2. **Am rechten Ort** erfolgt die Pfändung, wenn sich die zu pfändenden Gegenstände im Gewahrsam des Schuldners (§ 808) oder eines zur Herausgabe bereiten Dritten (§ 809 2.Alt.) befinden. Frau H hat der Pfändung widersprochen. Es liegt daher ein Verstoß gegen § 809 2.Alt. vor, wenn sie (Mit-) Gewahrsam gehabt hat. Gewahrsam bedeutet die tatsächliche Sachherrschaft. Eine solche Sachherrschaft hatte Frau H zweifelsohne an den in ihrem Haushalt befindlichen Sachen. Unter Umständen ist aber gem. § 739 I zu vermuten, dass der Ehegatte, der Vollstreckungsschuldner ist, auch Alleingewahrsam hat.

a) Das setzt zunächst voraus, dass die Eigentumsfiktion des § 1362 BGB greift. Im Ztpkt. der Pfändung bestand eine wirksame Ehe, die Hs lebten auch nicht getrennt und die gepfändeten Sachen befanden sich in ihrem gemeinsamen Besitz. Fraglich ist jedoch, ob der Ring und das Abendkleid nicht ausschließlich zum persönlichen Gebrauch der nicht schuldenden Frau H bestimmt ist (§ 1362 II BGB).

aa) Schmuckstücke, die nur von einem Ehegatten getragen werden, sind i.d.R. auch zu dessen ausschließlichen persönlichen Gebrauch bestimmt. Das gilt aber nicht für solche Schmuckstücke, die zugleich als Kapitalanlage dienen. Der Umstand, dass sich der Ring in einem Tresor befand, spricht dafür, dass er (zumindest auch) als Kapitalanlage beider Ehegatten diente. Eine andere Beurteilung der Sachlage wäre nur möglich gewesen, wenn er sich an der Hand der H oder z.B. auf ihrem Nachttisch befunden hätte.

bb) Das Kleid ist eindeutig ausschließlich zum persönlichen Gebrauch der H bestimmt.

Die Eigentumsfiktion des § 1362 BGB und damit die Gewahrsamsfiktion des § 739 I greift also nur hinsichtlich des Kühlschranks und des Rings.

b) H hat aber durch Vorlage einer Vertragsurkunde nachträglich die Eigentumsfiktion des § 1362 BGB in Bezug auf den Ring entkräftet. Es fragt sich daher, ob dies auch zu einer Widerlegung der Gewahrsamsfiktion des § 739 I führt. Hiergegen spricht, dass der GV nicht in der Lage ist, verlässlich die Eigentumsverhältnisse beurteilen zu können. Ihm fehlt hierzu sowohl die Qualifikation als auch die verfahrensrechtliche Möglichkeit. Die Vollstreckung soll zudem nicht durch materielle Prüfungen verzögert oder gar verhindert werden. Das ZV-Verfahren ist ein streng formalisiertes Verfahren. Dem Eigentümer bleibt es vorbehalten, seine Rechte im Wege der Drittwiderspruchsklage (§ 771) geltend zu machen. Es handelt sich daher bei § 739 I im Gegensatz zu § 1362 BGB um eine unwiderlegbare Vermutung.

Zwischenergebnis: Hinsichtlich des Abendkleides ist die Pfändung wegen Missachtung des § 809 2.Alt. verfahrensfehlerhaft.

3. Die Pfändung des Ringes und des Kühlschrankes erfolgte gem. § 808 I u. II **in der rechten Weise**. Denn nach Aufforderung zur freiwilligen Leistung nahm der GV den Ring (welcher eine Kostbarkeit i.S.d. § 808 II darstellt) mit zur Pfandkammer. Den Kühlschrank beließ er dagegen korrekter Weise im Gewahrsam des Schuldners und machte ihn durch Anbringen eines Pfandsiegels kenntlich (vgl. § 808 II).

4. Fraglich erscheint jedoch, ob die Pfändung **im rechten Umfang** erfolgte. Das ist der Fall, wenn kein Verstoß gegen ein Pfändungsverbot vorliegt.

a) Anhaltspunkte für eine Überpfändung (§ 803 I S. 2) oder eine nutzlose Pfändung (§ 803 II) sind nicht gegeben.

b) Womöglich ist der Kühlschrank aber gem. § 811 I Nr. 1 aus sozialpolitischen Gründen unpfändbar, da er dem Haushalt des Schuldners dient und der Schuldner einen Kühlschrank zu einer angemessenen, bescheidenen Lebens- und Haushaltsführung benötigt.

Dass H nicht Eigentümer des Kühlschranks ist, steht der Anwendbarkeit des § 811 I Nr. 1 zwar nicht entgegen, da allein der Besitz maßgebend ist. Hätte die G jedoch statt aus § 488 I BGB aus ihrem Eigentum auf Herausgabe nach § 985 BGB geklagt und den so erstrittenen Titel gem. §§ 883 ff. vollstreckt, wäre § 811 I nicht anwendbar, weil diese Vorschrift nur für die Vollstreckung wegen Geldforderungen in körperliche Sachen gilt.

Man könnte daher die Ansicht vertreten, der Schuldner, der sich in einem solchen Fall auf den Pfändungsschutz des § 811 I beruft, handele arglistig. Denn es wäre unbillig und ein kostentreibender Formalismus, die Gläubigerin zu zwingen, nunmehr auf Herausgabe ihres Eigentums zu klagen und anschließend von neuem die ZV nach §§ 883 ff. zu betreiben, bei der dem Schuldner der Schutz des § 811 I unzweifelhaft nicht zu Gute käme.

Dem ist jedoch entgegenzuhalten, dass es dem GV mangels voller juristischer Ausbildung und verfahrensrechtlicher Möglichkeit häufig gar nicht möglich ist, die Eigentumsverhältnisse zutreffend (auf die Schnelle) richtig zu beurteilen. Zudem verwischt die Gegenansicht den Unterschied zwischen Fahrnis- und Herausgabevollstreckung und ermöglicht so die Durchsetzung eines Herausgabeanspruchs ohne einen entsprechenden Titel. Das hätte z.B. zur Folge, dass ein Herausgabebegehren mittels Mahn- und Vollstreckungsbescheid durchgesetzt werden könnte.

Zwischenergebnis: Die Berufung des H auf § 811 I Nr. 1 ist daher zulässig und die Pfändung insoweit (hinsichtlich des Kühlschranks) verfahrensfehlerhaft.

IV. **Ergebnis:** Hinsichtlich des Kleides und des Kühlschranks ist die Erinnerung der Eheleute H begründet; hinsichtlich des Ringes dagegen unbegründet.

Abwandlung:

Würde sich ein Unterschied zum Ausgangsfall ergeben, wenn die Eheleute Habenichts dem Gerichtsvollzieher gegenüber erklärt hätten, den Kühlschrank könne er ruhig mitnehmen?

Lösungsvorschlag

Dies hängt davon ab, ob ein Verzicht auf den Pfändungsschutz des § 811 I zulässig ist. Für den vorherigen Verzicht ist dies zu verneinen, weil die Pfändungsverbote des § 811 I nicht nur dem Schutz des Schuldners, sondern auch dem öffentlichen Interesse an einer sozialpolitisch erträglichen Vollstreckung dienen. Ein nachträglicher Verzicht – so wie hier – ist dagegen (wohl) zulässig (str.). Der Schuldner könne ja schließlich auch frei über unpfändbare Gegenstände rechtsgeschäftlich verfügen. Zudem stehe es ihm frei, Erinnerung einzulegen.

Im Unterschied zum Ausgangsfall wäre die Erinnerung daher auch hinsichtlich des Kühlschranks unbegründet.

9. Kapitel
Die Verwertung gepfändeter Sachen

Vom GV gepfändete **bewegliche Sachen werden grds. durch öffentliche Versteigerung verwertet (§ 814).**

> **Ausnahmen:** Gepfändetes Geld ist dem Gläubiger abzuliefern (§ 815 I). Gepfändete Wertpapiere sind, wenn sie einen Börsen- oder Marktpreis haben, von dem GV aus freier Hand zum Tageskurs zu verkaufen (§ 821). Gleiches gilt u.U. für Gold- und Silbersachen (§ 817 a III S. 2). Daneben besteht auf Antrag die Möglichkeit zur anderweitigen Verwertung (§ 825), wenn hierdurch ein höherer Erlös zu erwarten ist.

I. Öffentliche Versteigerung (§§ 814 ff.)

Bei der Versteigerung nach den §§ 814 ff. wird der GV – im Gegensatz zu § 1233 I BGB – hoheitlich tätig, d.h. der Ersteher erwirbt mit Ablieferung gem. § 817 II originär kraft Hoheitsakt Eigentum an der ersteigerten Sache, auch wenn sie nicht dem Schuldner gehörte und dies dem Ersteher bekannt war, denn Grundlage der Verwertung ist sowohl nach öffentlichrechtlicher als auch nach der gemischten Theorie zum Pfändungspfandrecht nur die wirksame Verstrickung.

Bei Zugrundelegung der (veralteten) rein privaten Auffassung ist allerdings nur bei Gutgläubigkeit des Erstehers nach § 1244 BGB der Erwerb einer schuldnerfremden Sache möglich (Marotzke NJW 78, 133 134 f.).

1. Der **Eigentumserwerb durch Ablieferung** (=Übertragung des unmittelbaren Besitzes) **setzt** im Einzelnen **voraus**, dass

a) die wirksame **Verstrickung** noch andauert

b) und die **wesentlichen Vollstreckungsvorschriften** eingehalten worden sind. Hierzu gehört

- die Öffentlichkeit der Versteigerung (§ 814)
- die Beachtung des Barzahlungsgebots (§ 817 II), aber nicht des Mindestgebots (§ 817 a), da bei einer Missachtung der Vollstreckungszweck nicht vereitelt wird und der Schuldner durch Schadensersatzansprüche wegen Amtspflichtverletzung geschützt ist (LG Essen DGVZ 93, 137 f.).

Sonstige Mängel wie z.B. Zeit und Ort der Versteigerung (§ 816) oder der dreimalige Aufruf (§ 817 I) hindern den hoheitlichen Eigentumserwerb nicht.

2. Von der Ablieferung i.S.d. § 817 II ist der **Zuschlag i.S.d. § 817 I i.V.m. § 156 BGB** zu unterscheiden. Mit ihm kommt nach h.M. ein kaufrechtsähnlicher öffentlichrechtlicher Vertrag zwischen dem Staat – vertreten durch den GV – und dem Meistbietenden zustande (MüKo § 817 Rn. 3). Nach a.A. handelt es sich bei dem Zuschlag um einen einseitigen Hoheitsakt (St/Jo § 817 Rn. 20). Auswirkungen hat dieser Meinungsstreit jedoch nicht (vgl. Brox/Walker Rn. 407). Der Zuschlag gewährt dem Ersteigerer einen gegen den Staat auf Übereignung gerichteten Anspruch. Zur Durchsetzung dieses Anspruchs kann der Ersteher zwar nicht auf Erfüllung klagen, aber die Erinnerung (§ 766) einlegen (Brox/Walker aaO.). Kaufrechtliche Gewährleistungsrechte sind nach § 806 ausgeschlossen. Gleiches gilt für die Anfechtung des Gebots (§§ 119 ff. BGB), da ansonsten die Vorschrift des § 806 umgangen werden könnte. Bei Verletzung der Abholungsfristen verliert der Ersteigerer seinen Übereignungsanspruch und haftet für den Ausfall (§ 817 III).

II. Ablieferung von Geld (§ 815 I)

Gepfändetes Geld ist dem Gläubiger in Höhe seiner Forderung abzuliefern (§ 815 I), d.h. hoheitlich zu übereignen.

Nach § 815 II ist es zu hinterlegen, wenn ein Dritter ein die Veräußerung hinderndes Recht i.S.d. § 771 I glaubhaft macht (vgl. § 294). Erst wenn nach Ablauf der in § 815 II S. 2 genannten Frist keine Entscheidung über die Einstellung der Zwangsvollstreckung des nach § 771 I zuständigen Gerichts beigebracht wird, ist die Vollstreckung von Amts wegen fortzusetzen.

Ist das Geld nicht zu hinterlegen, so gilt schon seine Wegnahme nach § 815 III als Zahlung seitens des Schuldners. Trotz des missverständlichen Wortlauts dieser Vorschrift soll es sich nach h.M. lediglich um eine Gefahrtragungsregel handeln, d.h. der Schuldner wird von seiner Schuld befreit, auch wenn später das Geld beim GV verlorengeht. Das gilt allerdings nur, wenn es dem Schuldner auch gehörte. Erfüllungswirkung (§ 362 BGB) tritt hingegen erst ein, wenn das Geld beim Gläubiger abgeliefert worden ist und zwar auch dann, wenn es nicht dem Schuldner gehörte (vgl. statt vieler MüKo § 815 Rn. 12).

III. Die andere Verwertungsart (§ 825)

Sie soll der Erzielung eines möglichst hohen Erlöses dienen; es muss daher das Mindestgebot (§ 817 a I) eingehalten werden. Außerdem müssen Vorteile ggü. der Regelverwertung (§§ 814 ff.) zu erwarten sein.

1. Nach **§ 825 I S. 1** kann der GV auf Antrag des Gläubigers oder des Schuldners eine gepfändete Sache **in anderer Weise oder an einem anderen Ort** verwerten, als in den §§ 814-824 bestimmt ist.

Vor dem 1.1.1999 waren diese Optionen der anderweitigen Verwertung ausschließlich dem Vollstreckungsgericht (§§ 764 II, 802) - handelnd durch den Rechtspfleger (§ 20 Nr. 17 RpflG) - vorbehalten.

a) Als **Verwertung in anderer Weise** kommt **insbesondere der freihändige Verkauf** in Betracht und zwar auch dann, wenn die Voraussetzungen der §§ 821, 817 a III S. 2 nicht gegeben sind. Es gelten dieselben Grundsätze wie bei der öffentlichen Versteigerung, d.h. vor allem originärer Eigentumserwerb des Erstehers und Ausschluss der Gewährleistungsrechte (§ 806).

Ferner stellt die **Übereignung an den Vollstreckungsgläubiger** (außerhalb der öffentlichen Versteigerung, vgl. § 1239 BGB) eine Verwertung in anderer Weise i.S.d. § 825 I S. 1 dar, sofern der Gläubiger dies beantragt und ein Gebot abgegeben hat. Selbst wenn dem Gläubiger die Sache gehört (z.B. wenn eine unter Eigentumsvorbehalt gelieferte Sache gepfändet worden ist), ist ein solcher Antrag (nach ü.A.) zulässig, denn durch die hoheitliche Übertragung entsteht originäres, insbesondere lastenfreies Eigentum.

Problematisch ist allerdings das Zusammenspiel mit den Vorschriften über Teilzahlungsgeschäfte zwischen einem Unternehmer und einem Verbraucher (= früher Verbraucherkreditgesetz) in derartigen Fällen. Nimmt der Unternehmer die aufgrund des Teilzahlungsgeschäfts (unter Eigentumsvorbehalt) gelieferte Sache wieder an sich, gilt dies gem. § 508 S. 5 BGB (= § 13 III S. 1 VerbrKrG a.F.) als Ausübung des Rücktrittsrechts, es sei denn, der Unternehmer einigt sich mit dem Verbraucher, diesem den gewöhnlichen Verkaufswert der Sache im Zeitpunkt der Wegnahme zu vergüten. Zug um Zug gegen Herausgabe der Sache (§§ 346 I S. 1, 348 BGB), Ersatz der gemachten Aufwendungen (§ 508 S.3 BGB) und Zahlung einer Nutzungsvergütung (§ 508 S.4 BGB) sind dem Verbraucher (der i.d.R. Eigentumsvorbehaltkäufer ist) die bereits geleisteten Raten zurückzugewähren (§§ 346 I S. 1, 348 BGB). Eine Ansichnahme i.S.d. § 508 S. 5 BGB ist nach h.M. erst in der Ablieferung der Sache beim Gläubiger zu sehen (BGH 15, 241; 55, 59; St/Jo § 814 Rn. 13 mwN). Durch den endgültigen Besitzverlust droht dem Verbraucher aber sein aus § 348 BGB folgendes Zurückbehaltungsrecht verlorenzugehen. Das hätte zur Folge, dass der Zweck des § 508 S. 5 BGB, den Verbraucher zu schützen, umgangen werden würde. Deshalb kann der Verbraucher (nach h.M.) die Einrede des § 348 BGB bereits gegenüber der Verwertung mit der Vollstreckungsabwehrklage (§ 767) geltend machen, also noch bevor ihm aufgrund der Rücktrittsfiktion des § 508 S. 5 BGB der materielle Gegenanspruch nach § 346 I S. 1 BGB zusteht (Zöller § 817 Rn. 15; Brehm JuS 72, 153 156; Brox/Walker Rn. 441).

b) Auf Antrag kann der GV die gepfändete Sache **außerhalb des Vollstreckungsbezirks** des § 816 II **versteigern**. Das bietet sich an, wenn zu erwarten ist, dass sich in dem Vollstreckungsbezirk nicht genügend Interessenten finden (z.B. die Versteigerung von Büchern nicht in einem kleinen Dorf, sondern in der nahen Universitätsstadt).

Merken Sie: § 825 I S. 2 und S. 3 sind im Rahmen der anderweitigen Verwertung nach § 825 I S. 1 zur **Wahrung des rechtlichen Gehörs** (Art. 103 I GG) zu beachten.

2. Die **Versteigerung** einer gepfändeten Sache **durch eine andere Person** als den GV ist nach § 825 II **nur auf Anordnung des Vollstreckungsgerichts** möglich.

Diese Form der anderweitigen Verwertung ist dem GV im Unterschied zu § 825 I S. 1 nicht durch die 2. Zwangsvollstreckungsrechtsnovelle übertragen worden. Grund: Es sollen mögliche Interessenkonflikte des GV, seine eigene Person durch jemand anderes (z.B. durch einen Kunstauktionator) zu ersetzen, vermieden werden (BT-Drucks. 13/341, 31).

- Im Fall des § 825 II erfolgt die Versteigerung nicht hoheitlich, sondern privatrechtlich.
- Bei Versteigerung einer nicht dem Schuldner gehörenden Sache ist daher für den Eigentumserwerb Gutgläubigkeit des Erstehers erforderlich (BGH WM 92, 1626 1629).
- Der Gewährleistungsausschluss des § 806 gilt nur, wenn seitens des Versteigerers darauf hingewiesen worden ist, dass es sich um eine Verwertung nach § 825 II handelt.

Wiederholungsfragen zum 9. Kapitel

1. Wie werden grds. bewegl. Sachen verwertet?	Durch öffentliche Versteigerung (§ 814).
2. Ist das bei Geld auch so?	Nein, gepfändetes Geld ist dem Gläubiger i.H. der titulierten Forderung abzuliefern (§ 815 I).
3. Wann erwirbt der Ersteigerer in der öffentl. Versteigerung Eigentum?	Mit Ablieferung (§ 817 II), wenn die wirksame Verstrickung noch andauert und die wesentlichen Versteigerungsvorschriften eingehalten worden sind.
4. Nennen Sie die wesentl. Versteigerungsvorschriften?	Öffentlichkeit der Versteigerung (§ 814) u. Beachtung des Barzahlungsgebots (§ 817 II).
5. Welche Bedeutung hat der Zuschlag i.S.d. § 817 I?	Er gewährt dem Ersteigerer einen gegen den Staat gerichteten Übereignungsanspruch (kaufrechtsähnlicher öffentlich-rechtllichen Vertrag, beachte aber § 806). Der Ersteigerer kann zwar nicht auf Erfüllung klagen, aber Erinnerung einlegen.
6. E hat in einer öffentlichen Versteigerung ein Boot erworben. Dieses ist jedoch nicht wasserdicht. Kann E gem. §§ 437 Nr. 1, 439 I BGB Beseitigung des Mangels verlangen?	Nein, kaufrechtliche Gewährleistungsrechte sind ausgeschlossen (§ 806). Das gleiche gilt für die Anfechtung, da ansonsten § 806 umgangen werden könnte.
7. Hat E im Bsp. 6 auch Eigentum erworben, wenn sich herausstellt, dass das Boot nicht dem Schuldner gehörte?	Ja, der Ersteigerer erwirbt mit Ablieferung (§ 817 II) originär kraft Hoheitsakt Eigentum, ohne dass es auf die Eigentumsverhältnisse ankommt. Denn Grundlage der Verwertung ist die wirksame Verstrickung (a.A. lediglich die rein pr. Th.: Nach ihr können schuldnerfremde Sachen nur bei Gutgläubigkeit wirksam erworben werden, § 1244 BGB).

10. Kapitel

Die materielle Rechtslage nach Verwertung einer schuldnerfremden Sache

Während der ZV kann der Dritte, dessen Vermögen von der Vollstreckung betroffen ist, Drittwiderspruchsklage gem. § 771 einlegen, und zwar bis zum Auskehr des Versteigerungserlöses an den Gläubiger, da sich sein Recht im Wege der dinglichen Surrogation analog § 1247 S. 2 BGB an dem Erlös fortsetzt (11. Kap. B). Danach kommen nur noch materielle (Ausgleichs-) Ansprüche gegen den Ersteigerer, Gläubiger und Schuldner in Betracht.

> ***Bsp.*** *(Typische Klausurkonstellation, auch im ersten Examen!): Gläubiger Gonzo lässt aufgrund eines Zahlungstitels gegen seinen Schuldner Schmächtig ein im Gewahrsam des S befindlichen Drucker durch den GV G. Walt pfänden. Während der Pfändung macht S den GV zutreffend darauf aufmerksam, dass er den Drucker nur von dem Eigentümer Dussel geliehen habe. Der GV zeigt sich unbeeindruckt, nimmt den Drucker mit und versteigert ihn. In dem Versteigerungstermin erhält Erwin für 5.300 € den Zuschlag. Dies entspricht auch dem Zeitwert des Druckers. Der GV kehrt den Erlös nach Abzug der Vollstreckungskosten i.H.v. 200 € an G aus. Erst jetzt erfährt D von der ganzen Sache. Welche Ansprüche hat D? Macht es einen Unterschied, wenn G und E um das Eigentum des D wussten?*

I. Ansprüche gegen den Ersteigerer (E) auf Herausgabe der Sache

1. Ein Anspruch aus **§ 985 BGB** scheitert regelmäßig am originären Eigentumserwerb kraft Hoheitsaktes in der Zwangsversteigerung (§ 817 II). Dieser Erwerb vollzieht sich ungeachtet einer möglichen Bösgläubigkeit; er setzt aber eine (fortbestehende) wirksame Verstrickung und die Einhaltung der wesentlichen Förmlichkeiten des GV bei der Versteigerung voraus (s. dazu 9. Kap. I).

2. **§ 1007 I, II BGB** scheitert ebenfalls am Eigentumserwerb des E.

3. **Possessorische Besitzschutzansprüche (§§ 869, 861 BGB)** sind nicht gegeben, da ggü. dem unmittelbaren Besitzer S keine verbotene Eigenmacht i.S.d. § 858 BGB verübt worden ist: Die Ersteigerung begründet schon keinen Besitzentzug ggü. D, da dieser seinen mittelbaren Besitz bereits mit der Pfändung durch den GV verloren hatte (§ 808). Der GV seinerseits hat keine verbotene Eigenmacht verübt, da die Pfändung rechtmäßig war. Zudem bräuchte der E sich das Verhalten des GV auch nicht anzurechnen lassen.

4. Ein Anspruch gem. **§§ 823 I, 249 S. 1 BGB** scheidet auch aus: Zwar liegt eine Eigentumsverletzung vor. Diese ist aber aufgrund des rechtmäßigen Hoheitsaktes nicht rechtswidrig.

5. **§ 816 II BGB** entfällt bereits, weil der Ersteigerer (E) nicht Nichtberechtigter ist. Außerdem stellt die Eigentumsübertragung an E keine rechtsgeschäftliche Leistung, sondern einen Hoheitsakt des GV dar.

6. Ein Anspruch aus **§ 812 I S. 1 2. Alt. BGB** besteht nicht: Der Zuschlagsbeschluss bildet die causa (vgl. § 817 I i.V.m. § 156 BGB).

7. Ein Anspruch wegen sittenwidriger Schädigung nach **§ 826 BGB** ist zwar grds. möglich. Das setzt aber das sittenwidrige Ausnutzen einer formalen Rechtsstellung voraus. Allein die Bösgläubigkeit begründet noch keine Sittenwidrigkeit. Etwas anderes würde z.B. gelten, wenn G und E kollusiv zusammengewirkt hätten.

Fazit: Es bestehen i.d.R. keinerlei Ansprüche gegen den Ersteigerer einer schuldnerfremden Sache, der nicht zugleich auch Gläubiger ist. Ausnahme: Sittenwidrige Schädigung (s.o. 7) oder die wesentlichen Förmlichkeiten bei der Versteigerung werden außer Acht gelassen, bzw. die Sache ist gar nicht (mehr) wirksam verstrickt (s.o. 1).

II. Ansprüche gegen den Vollstreckungsgläubiger (G) auf Herausgabe des Erlöses

1. **§ 985 BGB** scheitert: Zwar ist der Drittberechtigte (D) kraft dinglicher Surrogation analog § 1247 S. 2 BGB Eigentümer des Erlöses geworden. Er hat sein Eigentum jedoch kraft Hoheitsakts mit Auskehr des Erlöses an den Gläubiger (G) wieder verloren.

2. Ein S.E.-Anspruch aus **§§ 989, 990 BGB** scheidet bereits aufgrund des Fehlens einer Vindikationslage zum Ztpkt. des schädigenden Ereignisses aus. Denn während der ZV sind die §§ 985 ff. BGB durch den spezielleren Rechtsbehelf des § 771 verdrängt (h.M.: BGH 58, 207 214; Brox/Walker Rn. 465; a.A. MüKo § 804 Rn. 37: Der nur verfahrensrechtliche Vorrang des § 771 könne nicht zu einer Modifizierung des materiellen Rechts führen).

3. Nach Auffassung des BGH kommt zwischen dem Gläubiger (G) und dem Drittberechtigten (D) ein gesetzliches Schuldverhältnis zustande, wenn der Drittberechtigte Freigabe begehrt und sein Recht hinreichend glaubhaft macht. Daraus resultiert die Pflicht des Gläubigers zur sorgfältigen Prüfung der Rechtslage. Bei schuldhafter Verletzung dieser Pflicht macht er sich nach den Grundsätzen der **PFV** (= § 280 I BGB) schadensersatzpflichtig. Verschulden setzt mindestens fahrlässige Unkenntnis von der Schuldnerfremdheit voraus (BGH 58, 207 211 ff.; abweichend wird z.T. vertreten, das Schuldverhältnis sei der materielle Freigabeanspruch aus § 1004 BGB).

4. Die Verwertung einer schuldnerfremden Sache ist ein fremdes Geschäft. Denn die Verwertung einer Sache ist ein Geschäft des Eigentümers oder seiner Gläubiger. Ansprüche wegen sog. angemaßter Geschäftsführung aus **§§ 687 II, 681 S. 2, 667, 678 BGB** sind daher grds. möglich. Sie setzen jedoch Kenntnis von der Schuldnerfremdheit voraus; andernfalls finden die §§ 677 ff. BGB keine Anwendung (§ 687 I BGB). Der

Gläubiger G haftet im Ausgangsbeispiel also nur bei Kenntnis der Schuldnerfremdheit nach §§ 687 II, 681 S. 2, 667 BGB auf Herausgabe des erlangten Erlöses und gem. §§ 687 II, 678 BGB zudem auf Schadensersatz, der in der Differenz zwischen dem Wert des Druckers und dem ausgekehrten Erlös besteht.

5. Ein Anspruch aus unerlaubter Handlung nach **§ 823 I BGB** kommt ebenfalls in Betracht. Durch Entgegennahme des Erlöses wird der Drittberechtigte (D) in seiner Eigentümerstellung verletzt (vgl. § 1247 S. 2 BGB). Dies geschieht auch rechtswidrig: Der Gläubiger ist dem Drittberechtigten gegenüber nicht berechtigt, sich aus einem Vermögensgegenstand, der dem Dritten – und nicht seinem Schuldner – gehört, zu befriedigen. Nach der gemischten Theorie zum Pfändungspfandrecht entsteht bei Pfändung einer schuldnerfremden Sache kein Pfändungspfandrecht. Nach der öffentlich-rechtlichen Theorie entsteht zwar ein solches Pfandrecht, es gibt dem Gläubiger aber kein materielles Befriedigungsrecht (zu den Pfändungspfandrechtstheorien s. näher 8. Kap. B). Weitere Voraussetzung des § 823 I BGB ist jedoch Verschulden. G haftet dem D im Ausgangsbeispiel also nur bei Kenntnis der Schuldnerfremdheit (oder bei fahrlässiger Unkenntnis) auf das positive Interesse aus § 823 I BGB.

6. **§ 826 BGB** greift nur bei vorsätzlicher und sittenwidriger Schädigung (s.o. I 7).

7. Ein verschuldensunabhängiger Schadensersatzanspruch **analog § 717 II** kommt nach allgemeiner Ansicht nicht in Frage, weil diese Bestimmung nur den durch ungerechtfertigte Vollstreckung betroffenen Schuldner, nicht aber einem geschädigten Dritten Ansprüche einräumt.

8. **§ 816 I S. 1 BGB** scheitert an dem Erfordernis einer rechtsgeschäftlichen Verfügung: Der GV verfügt nicht als Vertreter des die ZV betreibenden Gläubigers; er überträgt das Eigentum kraft Hoheitsaktes. Zudem handelt er nicht als Nichtberechtigter.

9. Bei fehlender Kenntnis der Schuldnerfremdheit (bzw. bei fehlendem Verschulden) kommt lediglich ein Anspruch auf Herausgabe des erlangten Erlöses nach **§ 812 I S. 1 2. Alt. BGB** in Betracht:

a) Der Gläubiger hat den Erlös aufgrund einer Amtshandlung des GV und damit in sonstiger Weise erlangt, da diese Amtshandlung keine Leistung i.S.d. Bereicherungsrechts darstellt. Die Bereicherung erfolgte unmittelbar auf Kosten des Drittberechtigten, da er im Wege der dinglichen Surrogation analog § 1247 S. 2 BGB vorerst Eigentum an dem Erlös erworben hatte. Schließlich bestand auch kein Rechtsgrund. Der Gläubiger hatte nämlich kein Pfändungspfandrecht (gemischte Theorie) bzw. kein materielles Befriedigungsrecht (öffentlich-rechtliche Theorie) erlangt.

> **Merken Sie:** Bei der Bereicherungsklage handelt es sich um eine sog. **"verlängerte Drittwiderspruchsklage"** desjenigen, der die Klage nach § 771 versäumt hat. Daher ist die Bereicherungsklage auch nur begründet, wenn die Drittwiderspruchsklage nicht wegen unzulässiger Rechtsausübung (§ 242 BGB) ausgeschlossen gewesen wäre (s. 11. Kap. B II 2); andernfalls könnten die Voraussetzungen des § 771 umgangen werden (BGH 100, 105f).

b) Der Anspruch ist nach ü.A. auf **Herausgabe des Nettoerlöses** gerichtet (im Ausgangsbeispiel 5.100 €): Die Vollstreckungskosten seien als Aufwendungen anzusehen, die im unmittelbaren wirtschaftlichen und rechtlichen Zusammenhang mit der Bereicherung stehen; sie sind daher bei der Ermittlung des Bereicherungsumfangs in Abzug zu bringen (Box/Walker Rn. 471).

Nach **a.A.** hat der Gläubiger auch i.H. der Vollstreckungskosten etwas erlangt, weil er von seiner Verbindlichkeit zur Kostenzahlung ggü. der Staatskasse nach §§ 13, 15 GvKostG (= §§ 3, 6 GvKostG a.F.) befreit worden ist. Der Drittberechtigte könne daher den **Bruttoerlös** herausverlangen (Lüke JuS 96, 185 187). Das wären im Ausgangsbeispiel 5.300 €.

Beachten Sie: Ersteigert der Gläubiger die schuldnerfremde Sache selbst, so liegt die Bereicherung in der Befreiung von der Barzahlungspflicht nach § 817 IV S. 1, dessen Wert nach § 818 II BGB herauszugeben ist (BGH 100, 95 ff.). Die Sache selbst kann nicht Bereicherungsgegenstand sein, da der Gläubiger diese ja hoheitlich – also mit Rechtsgrund – erworben hat.

Es fragt sich jedoch, ob der Gläubiger in diesen Fällen den Zahlungsanspruch des Drittberechtigten aus §§ 812 I S. 1 2. Alt., 818 II BGB dadurch abwenden kann, dass er die Rückgabe der ersteigerten Sache anbietet. Für eine solche Abwendungsbefugnis spricht m.E. entscheidend, dass dadurch der ursprüngliche Zustand wieder hergestellt werden würde, der ohnehin bestehen würde, wenn der Drittberechtigte rechtzeitig Drittwiderspruchsklage (§ 771) eingelegt hätte. Dadurch dass dies versäumt worden ist, darf er nicht besser gestellt werden. Zudem werden die schutzwürdigen Interessen des Gläubigers nicht verletzt, wenn er selbst auf das Eigentum an dem ersteigerten Gegenstand verzichtet. Eine Ablehnung des Drittberechtigten könnte sich daher als rechtsmissbräuchlich darstellen (§ 242 BGB). Eine gefestigte Rspr. gibt es zu diesem Problem jedoch noch nicht.

c) Eine **Entreicherung gem. § 818 III BGB** ist nicht eingetreten. Denn die titulierte Forderung des Gläubigers gegen den Schuldner besteht fort; § 819 greift nur, wenn in schuldnereigene Sachen vollstreckt worden ist (Lüke aaO).

Wenn dem Schuldner bereits der Titel gem. § 757 ausgehändigt worden ist, kann der Gläubiger die Erteilung einer weiteren vollstreckbaren Ausfertigung beantragen (§ 733).

Fazit: I.d.R. besteht nur ein Anspruch auf Herausgabe des Nettoerlöses nach § 812 I S. 1 2. Alt. BGB. Ausnahme: Der Gläubiger hatte Kenntnis von der Schuldnerfremdheit (bzw. ihn trifft ein Verschulden). In diesem Fall kann nach Schadensersatzrecht der Bruttoerlös herausverlangt werden (§ 280 I BGB; § 823 I BGB, u.U. auch § 826 BGB; §§ 687 II, 678 BGB).

III. Ansprüche gegen den Schuldner (S) auf Schadensersatz

Gegen den Schuldner sind grds. vertragliche Schadensersatzansprüche gegeben.

Im Ausgangsbeispiel hat D gegen S einen Anspruch gem. §§ 280 I, III, 283 BGB: S ist die Herausgabepflicht nach § 604 BGB unmöglich geworden. Ein Vertretenmüssen ist bereits darin zu sehen, dass S die ZV nicht durch vorherige Zahlung an den GV abgewendet hat ("Geld hat man zu haben"). Jedenfalls hat er die Unmöglichkeit aber zu vertreten, weil er D nicht rechtzeitig von der Pfändung unterrichtet hat. Bei rechtzeitiger Mitteilung hätte D seinen Rechtsverlust noch mit Hilfe der Drittwiderspruchsklage abwenden können.

11. Kapitel
Die Rechtsbehelfe in der Zwangsvollstreckung

Bei den Rechtsbehelfen in der ZV ist danach zu unterscheiden, ob materielle Einwendungen oder verfahrensrechtliche Mängel geltend gemacht werden:

Materielle Einwendungen

Vollstreckungsabwehrkl. (§ 767)

- Schuldner erhebt materielle Einwendungen gegen den titulierten Anspruch, z.B. Erfüllung.
- analog, wenn Sch. mat. Einwendungen gegen die Wirksamkeit des Titels erhebt.

Drittwiderspruchskl. (§ 771)

Dritter wendet sich gegen die ZV in einen bestimmten Gegenstand, weil er ein Recht an dem Vollstreckungsobjekt hat, z.B. Eigentum.

Kl. auf vorzgsw. Befriedig.(§ 805)

Dritter erstrebt vorzugsweise Befriedigung aus dem Erlös, weil ihm wegen seiner Forderung gegen den Schuldner ein vorrangiges Pfand- oder Verwertungsrecht zusteht.

Verfahrensrechtliche Mängel

Vollstreckungserinnerung (§ 766)

- Verfahrensrechtlich fehlerhafte **Maßnahme** des GV oder Vollstreckungsgerichts
- Amtsverweigerung durch GV
- falscher Kostenansatz

Sof. Beschwerde (§ 793)

Bei **Entscheidungen** des Vollstreckungs- oder Prozessgerichts (z.B. Entscheidung über Erinnerung nach § 766).

Rechtspflegeerinnerung (§ 11 II RpflG)

In Ausnahmefällen bei **Entscheidungen** des Rechtspflegers.

§ 765 a enthält eine Generalklausel des Schuldnerschutzes für den Fall, dass eine sittenwidrige Härte droht und die oben skizzierten Rechtsbehelfe nicht einschlägig sind, also an sich die ZV formell und materiell nicht zu beanstanden ist (Hauptanwendungsfall: Räumungsschutz bei Alten, Kranken und Suizidgefährdeten).

A. Die Vollstreckungsgegenklage (§ 767)

Die Vollstreckungsgegenklage ist eine **prozessuale Gestaltungsklage**, mit der der Kläger (=Vollstreckungsschuldner) materielle Einwendungen und Einreden gegen den titulierten Anspruch geltend machen kann (§ 767 I), sofern sie nach dem Schluss der mündlichen Verhandlung entstanden sind (§ 767 II).

Im Gegensatz zur Vollstreckungserinnerung (§ 766) und Drittwiderspruchsklage (§ 771) richtet sich die Vollstreckungsgegenklage nicht nur gegen die Zulässigkeit einzelner Vollstreckungsmaßnahmen, sondern gegen die Vollstreckbarkeit des Titels schlechthin. Dementsprechend muss der Klageantrag darauf gerichtet sein, dass die Vollstreckung aus dem genau bezeichneten Titel (ganz oder, wenn die Einwendung nur einen Teil des titulierten Anspruchs betrifft, teilweise) für unzulässig erklärt wird (vgl. § 775 Nr. 1).

Ziel ist es also, **dem Titel seine Vollstreckbarkeit rechtsgestaltend zu nehmen**.

Parteien der Vollstreckungsgegenklage sind der **Vollstreckungsschuldner** (=Kläger) **und** der **Vollstreckungsgläubiger** (=Beklagter). Sie ergeben sich aus dem Titel und nach Umschreibung aus der Klausel.

I. Abgrenzung zu anderen Rechtsbehelfen

Die Abgrenzung zu anderen Rechtsbehelfen (bzw. die Frage, welcher Rechtsbehelf zu ergreifen ist,) ist im Vorfeld zu klären, wenn der zukünftige Kläger beraten werden soll (sog. Anwaltsklausur). Ist dagegen bereits Klage erhoben worden und der Sachverhalt aus Sicht des Richters zu begutachten, so stellt sich diese Frage i.d.R. nicht. Ausnahmsweise kann aber eine Auslegung des klägerischen Begehrens notwendig sein, wenn unklar ist, welchen Rechtsbehelf er erhoben hat.

1. Die Vollstreckungserinnerung (§ 766)

Mit der Erinnerung werden Verfahrensmängel gerügt, mit der Vollstreckungsgegenklage werden materielle Einwendungen und Einreden gegen den titulierten Anspruch erhoben. Beide Rechtsbehelfe schließen sich daher grds. aus. Zu Überschneidungen kann es ausnahmsweise kommen, wenn ein Verstoß gegen materielles Recht zugleich einen Verfahrensverstoß darstellt.

Bsp.: *Der Schuldner legt dem Gerichtsvollzieher Gnadenlos einen Überweisungsnachweis vor, aus dem sich ergibt, dass die titulierte Forderung zwischenzeitlich beglichen worden ist. Gnadenlos vollstreckt dennoch. Wegen Verstoßes gegen § 775 Nr. 5 kann der Schuldner Vollstreckungserinnerung gem. § 766 einlegen. Er kann aber auch – gestützt auf die Erfüllung (§ 362 BGB) – Vollstreckungsgegenklage erheben (zur Frage des Rechtsschutzbedürfnisses in diesen Fällen s.u. II 4).*

2. Die (negative) Feststellungsklage (§ 256)

Die Feststellungsklage gem. § 256 I, dass die titulierte Forderung etwa wegen Aufrechnung erloschen sei, ist neben der Vollstreckungsgegenklage zulässig. Ihr fehlt nicht das Feststellungsinteresse. Denn das Gestaltungsurteil des § 767 nimmt dem titulierten Anspruch nur die Vollstreckbarkeit; seine Rechtskraft erstreckt sich dagegen (im Unterschied zu dem Feststellungsurteil) nicht auf das Bestehen oder Nichtbestehen des materiellen Anspruchs. Mit dem Feststellungsurteil kann der Schuldner aber nicht die Vollstreckung abwenden (BGH NJW 97, 2320).

Es ist daher empfehlenswert, die Vollstreckungsgegenklage zu erheben und über eine Zwischenfeststellungsklage (§ 256 II) das Nichtbestehen des titulierten Anspruchs feststellen zu lassen.

3. Die Klage auf Herausgabe des Titels

Ob der Schuldner eine Klage auf Herausgabe des Titels analog § 371 BGB (oder analog § 757) erheben kann, wenn der titulierte Anspruch erloschen ist, ist umstritten. Während diese Klagemöglichkeit z.T. ohne weiteres bejaht wird (vgl. OLG Celle FamRZ 93, 1332 1333 mwN), wird sie von einer anderen Ansicht mit dem Argument, § 767 sei spezieller, gänzlich abgelehnt (Baur/Stürner Rn. 767). Vermittelnd hält die h.M. eine solche Klage jedenfalls für zulässig, wenn zuvor die Vollstreckungsgegenklage durchgeführt worden ist (BGH LM Nr. 3 zu § 830 ZPO) oder wenn beide Klagen miteinander verbunden werden (MüKo § 371 Rn. 8; Staud. § 371 Rn. 7). Grund: Mit der Herausgabeklage kann weder das Ziel der §§ 775 Nr. 1, 776 erreicht werden, noch ein Einstellungsantrag nach § 769 verbunden werden.

4. Die Berufung (§ 511)

Zwischen Berufung (gegen das Urteil) und Vollstreckungsgegenklage (gegen den titulierten Anspruch) hat der Schuldner grds. ein Wahlrecht. Denn die Durchführung des Berufungsverfahrens ist nicht einfacher und billiger (höhere Gerichts- und Anwaltsgebühren!).

Legt der Schuldner jedoch Berufung ein, so fehlt (bzw. entfällt) für die Vollstreckungsgegenklage das Rechtsschutzbedürfnis, da die Berufung wegen der fehlenden Beschränkung des § 767 II und der Neuverteilung der erstinstanzlichen Kosten weiter greift.

5. Rechtslage bei unwirksamen Prozessvergleich

Hier ist danach zu unterscheiden, ob der Mangel den Vergleich von Anfang an (z.B. gem. §§ 142 I, 138 BGB) oder nachträglich (z.B. wegen Störung der Geschäftsgrundlage nach § 313 BGB) unwirksam macht (vgl. hierzu ausführlich ZPO I 14. Kap. V 3):

Im ersten Fall hat der Vergleich keine prozessbeendigende Wirkung. Der alte Prozess ist vielmehr auf Antrag fortzusetzen. Dies ist der einfachere Weg. Einer Vollstreckungsgegenklage fehlt daher das Rechtsschutzbedürfnis (h.M. vgl. BGH NJW 83, 996 997). Nachträgliche Unwirksamkeit kann dagegen nichts an der prozessbeendigenden Wirkung des ursprünglich wirksamen Vergleichs ändern. Die Vollstreckungsgegenklage ist daher zulässig (BGH NJW 77, 583 584).

II. Zulässigkeit der Vollstreckungsgegenklage

Folgende Besonderheiten sind zu beachten:

1. Statthaftigkeit

Die Vollstreckungsgegenklage ist nach § 767 I statthaft, wenn der Schuldner materielle Einwendungen gegen den im Urteil festgestellten Anspruch geltend macht. Macht er hingegen geltend, das Urteil selbst sei aus materiell-rechtlichen Gründen unwirksam, ist die Vollstreckungsgegenklage als sog. prozessuale Gestaltungsklage sui generis analog § 767 I statthaft (BGH NJW 06, 695 f.; BGH Beshluss v. 23.8.07 – VII ZB 115/06). Ob die erhobenen Einwendungen tatsächlich bestehen, ist hingegen eine Frage der Begründetheit; sie müssen daher nicht schlüssig vorgetragen werden.

Beachten Sie: Vom Wortlaut her findet § 767 nur auf Urteile Anwendung. Bei anderen Titeln folgt die Anwendbarkeit aus § 795 S.1. Daher muss der § 795 S.1 bei anderen Titeln stets i.V.m. der entsprechenden Ziffer des § 794 erwähnt werden.

Der Titel muss einen vollstreckungsfähigen Inhalt haben. Deshalb kommt eine Vollstreckungsgegenklage gegen Feststellungs- und Gestaltungsurteile nicht in Betracht.

2. Ordnungsgemäße Klageerhebung

Es gelten die allgemeinen Vorschriften, also insbesondere die §§ 261 I, 253, 130 (vgl. ausführlich ZPO I 7. Kap.). Der Klageantrag (§ 253 II Nr. 2) muss darauf gerichtet sein, dass die ZV aus dem (genau bezeichneten) Titel (ganz oder teilweise) – nicht nur hinsichtlich einzelner Vollstreckungsmaßnahmen – für unzulässig erklärt wird (vgl. § 775 Nr. 1).

Merken Sie: Die Klageerhebung nach § 767 hemmt die Vollstreckung nicht. Es empfiehlt sich daher, zusätzlich einen Antrag nach § 769 zu stellen.

3. Örtliche und sachliche Zuständigkeit

Bei Urteilen und Vergleichen ist das **Prozessgericht des ersten Rechtszuges ausschließlich örtlich und sachlich zuständig (§§ 767 I, 802)**. Das gilt auch dann, wenn das Gericht des Vorprozesses seine Zuständigkeit zu Unrecht bejaht hatte.

Merken Sie: Für den Fall, dass ein Prozessgericht des ersten Rechtszuges nicht existiert, enthalten die **§§ 796 III, 797 V Sonderregelungen**:

- Bei **vollstreckbaren Urkunden** richtet sich die örtliche Zuständigkeit nach dem allgemeinen Gerichtsstand des Schuldners (§ 797 V); die sachliche Zuständigkeit bestimmt sich nach §§ 23, 71 GVG (Beachte: Gerichtliche Urkunden i.S.d. § 797 sind nur Urkunden i.S.v. § 794 I Nr. 5 und nicht etwa Prozessvergleiche. Denn die Regelung des § 797 V ist geschaffen worden, um eine Zuständigkeitsregelung für Rechtsbehelfe hinsichtlich der Titel, für die es ein Prozessgericht nicht gibt, zu schaffen; h.M.: vgl. Lackmann Rn. 475 mwN).
- Bei **Vollstreckungsbescheiden** ist nach **§ 796 III** das Gericht zuständig, das für eine Entscheidung im Streitverfahren zuständig gewesen wäre.

4. Allgemeines Rechtsschutzbedürfnis

Es ist gegeben, sobald ein Vollstreckungstitel vorliegt und endet erst, wenn die ZV beendet worden ist, also dem Schuldner der Titel ausgehändigt worden ist (vgl. § 757 I). Denn in diesem Zeitraum droht eine Vollstreckung (vgl. Brox/Walker Rn. 1332 f. mwN).

Nach Beendigung der ZV - d.h. in diesem Fall nach Aushändigung des Titels - kann der Schuldner seinen Klageantrag gem. § 264 Nr. 3 auf Leistung umstellen: Er kann das durch die Vollstreckung Erlangte nach § 812 BGB zurückverlangen oder S.E. fordern. Voraussetzung ist allerdings – wie bei der Vollstreckungsgegenklage – ein Erlöschen der titulierten Forderung nach dem Schluss der mündlichen Verhandlung des Vorprozesses (vgl. § 767 II). Sonst würde die Rechtskraft des Urteils einer solchen Klage entgegenstehen (OLG Schleswig NJW-RR 92, 192).

Einzelfälle zum Rechtsschutzbedürfnis:

- Kommt es ausnahmsweise mit der Erinnerung zu Überschneidungen (s.o. I 1), so besteht dennoch für eine Vollstreckungsgegenklage ein Rechtsschutzbedürfnis. Grund: Zu einer endgültigen Einstellung kann es nur bei einer Vollstreckungsgegenklage kommen (§§ 775 Nr. 1, 776 S. 1). Gleiches gilt für das Verhältnis von § 767 I analog und § 732.
- Zum Verhältnis zur Berufung und Rechtslage bei unwirksamen Prozessvergleich s.o. I 4 u. 5.

III. Begründetheit der Vollstreckungsgegenklage

Die Klage aus § 767 ist begründet, wenn dem Kläger eine materielle Einwendung gegen den titulierten Anspruch tatsächlich zusteht und diese nicht gem. § 767 II, III ausgeschlossen ist.

Die prozessuale Gestaltungsklage sui generis analog § 767 I ist dagegen begründet, wenn der Titel aus materiell-rechtlichen Gründen unwirksam ist. § 767 II gilt allerdings nicht analog, da diese Vorschrift dem Schutz der Rechtskraft dient. Wenn jedoch nicht einmal ein wirksamer Titel vorliegt, dann kann die Präklusionsvorschrift des § 767 II auch keine Anwendung finden (BGH 124, 164 ff.)

1. Materielle Einwendungen

Grds. kommen **nur rechtsvernichtende** (z.B. Erfüllung oder Aufrechnung) **und rechtshemmende Einwendungen** (z.B. Verjährung oder Zurückbehaltungsrecht) gegen den titulierten Anspruch in Betracht. Rechtshindernde Einwendungen (z.B. Sittenwidrigkeit oder Formmangel) scheitern dagegen i.d.R. an § 767 II (siehe dazu unten 2).

Da die **Beschränkung des § 767 II** jedoch Ausfluss der Rechtskraft ist, **gilt** sie **nicht für Titel, die nicht der Rechtskraft fähig sind**. Das sind im Wesentlichen

- Prozessvergleiche (§ 794 I Nr. 1)
- Vollstreckbare Urkunden (§§ 794 I Nr. 5, 797 IV)
- Kostenfestsetzungsbeschlüsse (§ 794 I Nr. 2)

Bei diesen Titeln können folglich auch ohne weiteres rechtshindernde Einwendungen mit der Vollstreckungsgegenklage geltend gemacht werden (Ausnahme: Prozessvergleiche, s.o I 5).

2. Kein Ausschluss nach § 767 II

Die Vollstreckungsgegenklage kann nach § 767 II 1. Alt. nur auf Einwendungen gestützt werden, deren Gründe erst nach dem Schluss der letzten mündlichen Tatsachenverhandlung entstanden sind, in der sie spätestens hätten geltend gemacht werden müssen; also spätestens in der Berufungsinstanz (BGH NJW 99, 279). Ansonsten ist der Kläger mit seiner Einwendung präkludiert und die Klage unbegründet.

Beachten Sie: Die Präklusion nach § 767 II ist keine Frage der Zulässigkeit. Dies ergibt sich aus dem Wortlaut der Vorschrift, der sich auf die Zulässigkeit der Einwendung und nicht auf die Zulässigkeit der Klage bezieht.

Bei Versäumnisurteilen und Vollstreckungsbescheiden ist der Ablauf der Einspruchsfrist maßgebend (vgl. §§ 767 II 2. Alt., 796 II): Es sind also nur solche Einwendungen zulässig, die nach Ablauf der Einspruchsfrist (§§ 339 I, 700 I) entstanden sind.

a) Es kommt im Interesse der Rechtssicherheit allein auf die **objektive Entstehung** der Einwendung, nicht auf die Kenntniserlangung durch den Schuldner an (BGH WM 00, 2457; BGH NJW 05, 2926 f.).

Umstritten ist, wann bei Gestaltungsrechten (z.B. Aufrechnung, Anfechtung oder Rücktritt) **die Einwendung "entstanden" ist:**

Bsp.: *Schuldner Schlampig erklärt nach dem Schluss der letzten mündlichen Tatsachenverhandlung die Aufrechnung mit einer Gegenforderung, die schon vorher der titulierten Hauptforderung aufrechenbar gegenüberstand. Kann Schlampig sich mit der Vollstreckungsgegenklage erfolgversprechend gegen die drohende ZV zur Wehr setzen?*

- Insbesondere nach der **Rspr.** kommt es auf den **Ztpkt. der Entstehung der Gestaltungslage**, also allein auf die objektive Möglichkeit der Ausübung des Gestaltungsrechts vor Schluss der letzten mündlichen Tatsachenverhandlung an (BGH NJW 94, 2269 2270).

- Die **h.L.** stellt demgegenüber auf den **Ztpkt. der Ausübung des Gestaltungsrechts** ab, weil erst dadurch der Anspruch vernichtet wird (Brox/Walker Rn. 1346; Thomas/Putzo § 767 Rn. 22 a).

- Eine neuere **"vermittelnde" Ansicht**, die im Ausgangspunkt der h.L. folgt, will in entsprechender Anwendung der §§ 277 I, 282 I, 296 II, 531 II die spätere Geltendmachung des Gestaltungsrechts nur bei Missbrauch oder grober Nachlässigkeit des Schuldners nicht zulassen (Arens/Lüke Rn. 591).

Während die Aufrechnung im Ausgangsbeispiel nach Auffassung der Rspr. präkludiert ist, ist sie nach der h.L. und der vermittelnden Ansicht i.S.d. § 767 II zulässig.

Stellungnahme: Gegen die h.L. spricht, dass sie zur Aushöhlung der Rechtskraft führt. Sie ermöglicht dem Vollstreckungsschuldner, der alle Instanzen des Erkenntnisverfahrens ausgenutzt hat, als zusätzliche ("letzte") Instanz, die Vollstreckungsgegenklage als eine Art "Superrevisionsinstanz" Zweck zu entfremden, obwohl er das Gestaltungsrecht schon vorher hätte erklären können. Die vermittelnde Ansicht muss sich entgegenhalten lassen, dass sie zu einer völligen Aufweichung der Rechtskraft durch die Verwendung nicht eindeutig bestimmbarer Kriterien führt. Es ist daher der Rspr. zu folgen: Die Aufrechnung ist folglich im Ausgangsbeispiel gem. § 767 II präkludiert. Dies ist auch nicht unbillig, da der Kläger seinen mit der Aufrechnung geltend gemachten Anspruch im Wege der Leistungsklage selbständig durchsetzen kann (Merke: Die prozessuale Unzulässigkeit der Aufrechnung führt zur materiellen Unwirksamkeit, so dass der Schuldner die Gegenforderung nicht verliert; vgl. ZPO I 13. Kap. I 2).

"Sonderproblem" Widerruf: Gem. **§ 355 BGB** ist das Widerrufsrecht des Verbrauchers für sämtliche Verbraucherschutzvorschriften – wie z.B. § 312g I 1. Alt. BGB (§ 1 I HaustürWiG a.F.), § 495 BGB (§ 7 I VerbrKrG a.F.) und § 312g I 2. Alt. BGB (§ 3 I FernAbsG a.F.) - einheitlich als auflösende Bedingung ausgestaltet und somit wie ein Rücktrittsrecht als Gestaltungsrecht einzuordnen. Es stellt sich also auch hier die Frage, wann bei Gestaltungsrechten Präklusion i.S.v. § 767 II eintritt (Berger Jura 01, 289 292; K. Schmidt JuS 00, 1096 ff.). Für die h.L., die auf die Ausübung des Gestaltungsrechts abstellt, lässt sich hier jedoch anführen, dass der Schutzzweck der Verbrauchergesetze unterlaufen werde, wenn wegen unterbliebener Belehrung Verfristung auch nach rechtskräftiger Verurteilung noch nicht eingetreten ist und der Verbraucher möglicherweise mangels Belehrung noch nicht einmal Kenntnis von seinem Recht hatte (Berger aaO; K. Schmidt JuS 00 1096 1098 f.).

b) Ob **bei** der **Abtretung** (und einem gesetzlichen Forderungsübergang) ausnahmsweise die **Kenntnis des Schuldners** von der Abtretung **maßgebend** sein kann und nicht – wie sonst - der Ztpkt. der objektiven Entstehung, ist **umstritten**:

- Die bislang ganz ü.A. bejaht dies. Denn wenn der Schuldner erst nach dem Schluss der letzten mündlichen Tatsachenverhandlung von einer während des Prozesses erfolgten Abtretung der mittlerweile titulierten Forderung erfahren hat, kann er nicht mehr nach § 407 I BGB mit befreiender Wirkung an den Titelgläubiger (Zedent) leisten. Das Entfallen des Schuldnerschutzes des § 407 I BGB stellt eine Einwendung dar, die "neu" i.S.d. § 767 II ist, wenn der Schuldner erst nachträglich Kenntnis von der Abtretung erlangt hat (vgl. u.a. Lüke JuS 96, 588 590). Gleiches gilt für den gesetzlichen Forderungsübergang (z.B. § 426 II BGB), da nach § 412 BGB die Vorschrift des § 407 I BGB hier entsprechende Anwendung findet.
- Der BGH hält dem entgegen, dass § 407 BGB für den Schuldner nur einen Einwand ggü. dem neuen Gläubiger (Zessionar) begründet. Auf die Rechtsbeziehung zum Zedenten, der aus dem Titel vollstreckt, hat die Vorschrift keinen Einfluss. Nach § 767 I sind aber nur solche Einwendungen bedeutsam, die den titulierten Anspruch selbst betreffen. Der Wegfall der Schutzwirkung des § 407 I BGB ist daher keine Einwendung, die im Wege der Vollstreckungsgegenklage geltend gemacht werden kann (BGH WM 00, 2457 2458; BGH NJW 01, 231 ff.).

  Stellungnahme: Dem BGH ist zu folgen. Die bisher h.M. verstößt ohne Not gegen den klaren Wortlaut des § 767 I, indem sie mit dem Wegfall der Schutzwirkung des § 407 I BGB eine Einwendung zulässt, die nicht "den durch das Urteil festgestellten Anspruch selbst" betrifft. Unbillige Ergebnisse können mit einer auf § 826 BGB gestützten Klage vermieden werden, die zur Durchbrechung der Rechtskraft führt (vgl. näher ZPO I 18. Kap. C sowie Fall 11 in ZPO I).

3. Kein Ausschluss nach § 767 III

Nach § 767 III sind bei einer zweiten Vollstreckungsgegenklage alle Einwendungen präkludiert, die der Schuldner zur Zeit der Erhebung der ersten Vollstreckungsgegenklage geltend zu machen imstande war (sog. **Bündelungsgebot**).

> **Merken Sie:** § 767 III gilt im Unterschied zu § 767 II auch für die Titel, die nicht der Rechtskraft fähig sind.

In Parallele zu § 767 II entscheidet nach ü.A. alleine das objektive Bestehen der Einwendung zur Zeit der ersten Vollstreckungsgegenklage (BGH 61, 25 26). Die Gegenansicht folgert aus dem Wortlaut des § 767 III ("geltend zu machen imstande war"), dass nur solche Einwendungen ausgeschlossen sind, die der Schuldner im Rahmen der ersten Vollstreckungsabwehrklage schuldhaft versäumt hat vorzubringen (Brox/Walker Rn. 1357).

Aber auch nach h.M. kommt es auf die objektive Möglichkeit der Geltendmachung nicht an, wenn der Schuldner eine Einwendung im Wege der Klageänderung (§ 263) geltend macht, der Gläubiger der Änderung der Klage widerspricht und sie auch nicht sachdienlich ist. Der Schuldner kann dann diese Einwendung ungeachtet des § 767 III mit einer neuen Vollstreckungsgegenklage vorbringen (Lackmann Rn. 496).

IV. Tenorierung (für Referendare!)

1. Hinsichtlich des **Hauptausspruch**s können sich drei unterschiedliche Konstellationen ergeben:

- **Klage ist zulässig und begründet:** "Die ZV aus dem (genau bezeichneten Titel) wird für unzulässig erklärt."
- **Klage ist nur zum Teil begründet:** "Die ZV ... wird wegen eines Betrages von 5.000 € (ggf. nebst Zinsen) für unzulässig erklärt. Im Übrigen wird die Klage abgewiesen."
- **Klage ist unzulässig oder unbegründet:** "Die Klage wird abgewiesen."

2. **Kostenentscheidung** (§§ 91 ff.)**:** keine Besonderheiten.

3. **Vorl. Vollstreckbarkeit** (§§ 708 ff.): Das Gestaltungsurteil, das auf die Vollstreckungsabwehrklage hin ergeht, ist, im Unterschied zu den sonstigen Gestaltungsurteilen, nicht nur bzgl. der Kosten, sondern auch hinsichtlich der Hauptsache für vorläufig vollstreckbar zu erklären. Grund: Der Beklagte (Vollstreckungsgläubiger) kann wegen § 775 Nr. 1 die Vollstreckung nicht weiter betreiben. Er muss daher, für den Fall dass das Urteil in zweiter Instanz abgeändert wird, vor einem möglichen Vermögensverfall des Klägers (Vollstreckungsschuldners) geschützt werden (OLG Schleswig InVo 01, 329).

> **Merken Sie:** Das ist eine Ausnahme von dem Grundsatz, dass Gestaltungsurteile nur hinsichtlich der Kosten vollstreckbar sind (siehe bereits 3. Kap. II 1. a)

Fall 6 - "Die mangelhafte Yacht":

Schlaffi hatte Gonzo eine Yacht zu einem Preis von 4.000 € verkauft. Da die Yacht mangelhaft war, erklärte Gonzo nach erfolgloser Nacherfüllung den Rücktritt und klagte vor dem örtlich zuständigen LG in Flensburg auf Zahlung von 4.000 € Zug um Zug gegen Rückgabe der Yacht. Mit Urteil vom 29.3.02 gab das LG der Klage statt. Schlaffis daraufhin eingelegte Berufung wurde durch Urteil des OLG zurückgewiesen.

Mit Schreiben vom 17.9.02 bot Gonzo die Yacht zur sofortigen Abholung vom Hafen in Kappeln Zug um Zug gegen Zahlung der 4.000 € an. Da Schlaffi mangels chronischer Geldnot nicht zur Abholung in der Lage war, überführte Gonzo die Yacht im Dezember 2002 zum Wohnort des Schlaffi in den Tönninger Hafen, wo sie der GV Gnadenlos in seinem "Auftrag" im Februar 2003 pfändete und versteigerte. Der Versteigerungserlös betrug wegen der Mangelhaftigkeit nur 500 €. In Höhe der restlichen 3.500 € vollstreckte Gonzo durch Eintragung einer Sicherungshypothek in das Hausgrundstück des Schlaffi. Er droht nunmehr an, die Zwangsversteigerung des Grundstücks zu beantragen.

Schlaffi bekommt Angst und sucht seinen RA auf. Dieser erhebt namens und in Vollmacht des Schlaffi Klage vor dem LG Flensburg gegen Gonzo mit dem Antrag, die Zwangsvollstreckung aus dem Urteil des LG Flensburg vom 29.3.02 – Az. 4 O ..../02 – für unzulässig zu erklären. Zur Begründung trägt er vor, der Zahlungsanspruch sei wegen Unmöglichkeit der Rückgabe des Bootes infolge Versteigerung erloschen. Der GV hätte auch wegen Verstoßes gegen § 756 das Boot nicht versteigern dürfen. Schließlich habe Schlaffi bereits im Jahre 2000 eine Forderung gegen Gonzo erworben, mit der er nun die Aufrechnung erkläre, um die ZV abzuwenden. Gonzo bestreitet die Existenz einer solchen Gegenforderung nicht. Wie ist die Rechtslage?

Lösungsvorschlag

I. "Antragsstation": Der Kläger (Schlaffi) hat eindeutig eine Vollstreckungsgegenklage gem. § 767 erhoben. Soweit er einwendet, die formellen Voraussetzungen des § 756 seien nicht eingehalten worden, wäre zwar an sich die Erinnerung nach § 766 der richtige Rechtsbehelf. Der Antrag ist jedoch darauf gerichtet, die ZV schlechthin und nicht nur einzelne Vollstreckungsmaßnahmen, wie bei § 766, für unzulässig zu erklären.

II. Zulässigkeit

1. Die Klage ist **statthaft**, da S **materielle Einwände** gegen den titulierten Anspruch geltend macht: Er behauptet, er sei wegen Unmöglichkeit von seiner Leistungspflicht befreit worden und er rechnet gegen den titulierten Anspruch auf.

2. Das LG Flensburg ist nach **§§ 767 I, 802** als Gericht des Vorprozesses erster Instanz sowohl örtlich als auch sachlich (trotz des geringen Streitwertes) **ausschließlich zuständig**.

3. Der Klage fehlt jedoch i.H.v. 500 € das **Rechtsschutzbedürfnis**, da der Titel insoweit wegen der Versteigerung der Yacht verbraucht ist (vgl. § 757 I) und somit die ZV auch nicht mehr droht. Die Klage ist mithin zu diesem Teil durch Prozessurteil als unzulässig abzuweisen.

Merken Sie: S hätte lediglich beantragen sollen, die ZV i.H.v. 3.500 € für unzulässig zu erklären und im Wege der objektiven Klagenhäufung (§ 260) i.H.v. 500 € auf S.E. oder auf Herausgabe des Empfangenen (§ 812 BGB) klagen sollen.

III. Begründetheit

Die Klage aus § 767 ist begründet, wenn eine materielle Einwendung – die nicht nach § 767 II präkludiert ist - den titulierten Anspruch zu Fall bringt.

1. Soweit S einen **Verstoß gegen die Formvorschrift § 756** geltend macht, ist dies im Rahmen der Vollstreckungsgegenklage unbeachtlich. Mit ihr können nur materielle Einwände erhoben werden.

2. S ist aber nach materiellem Recht gem. §§ 437 Nr. 2, 440, 348 I S. 1 BGB nur Zug um Zug gegen Herausgabe der Yacht zur Zahlung verpflichtet und kann bis zur Herausgabe die Zahlung verweigern (§§ 348 I S. 2, 320 I S. 1 BGB). Die Herausgabe der Yacht ist jedoch infolge der Versteigerung unmöglich geworden. S könnte daher von seiner Zahlungspflicht **nach § 326 I BGB frei geworden** sein. Das hätte zur Folge, dass der titulierte Anspruch "nachträglich" i.S.d. § 767 II erloschen wäre. Diese **Einwendung greift** aber **nicht** durch, **wenn der G trotz Unmöglichkeit der Herausgabe** der Yacht **nach §§ 322 III, 274 II BGB berechtigt ist, die ZV zu betreiben**. Das setzt voraus, dass sich S gem. §§ 293 ff. BGB im Annahmeverzug befindet.

a) Grds. ist ein tatsächliches Angebot nach § 294 BGB erforderlich. G hat dem S lediglich schriftsätzlich erklärt, er könne das Boot abholen. Dies stellt kein tatsächliches Angebot i.S.d. § 294 BGB dar. Denn ein tatsächliches Angebot muss so vorgenommen werden, dass der andere Teil nichts weiter zu tun braucht, als zuzugreifen. Gem. § 295 S. 1 BGB genügt jedoch ein wörtliches Angebot u.a. dann, wenn der Gläubiger – also in diesem Fall S – die Sache abzuholen hat. Das ist nach erfolgtem Rücktritt der Fall, da er eine Holschuld darstellt. Leistungsort (§ 269 BGB) ist der Ort, an dem sich die Sache vertragsgemäß zur Zeit des Rücktritts befindet. Das schriftliche Angebot, die Yacht im Kappelner Hafen abzuholen, genügte daher.

b) Es lag auch Leistungsvermögen des G vor (§ 297 BGB). Denn zur Zeit des wörtlichen Angebots war er noch zur ordnungsgemäßen Leistung in der Lage. Schließlich hat S nicht die ihm angebotene Leistung angenommen (§ 298 BGB).

c) Folglich ist G nach § 274 II BGB berechtigt, die ZV zu betreiben, ohne die ihm obliegende Leistung zu erbringen. Der titulierte Anspruch ist daher auch nicht durch Unmöglichkeit erloschen.

3. Schließlich könnte die titulierte Forderung infolge der **Aufrechnung** des S erloschen sein (§ 389 BGB). Eine wirksame Aufrechnung setzt voraus, dass eine Aufrechnungslage besteht und die Aufrechnung nicht ausgeschlossen ist. Die Aufrechnungslage (§ 387 BGB) ist zwar unbestritten (§ 138 III). Es fehlt aber an einem substanziierten Vortrag des S. Die Aufrechnung ist daher bereits unschlüssig.

Ungeachtet dessen könnte sie ohnehin **gem. § 767 II ausgeschlossen** sein. Nach § 767 II sind nur diejenigen Einwendungen zulässig, deren Gründe, auf denen sie beruhen, erst nach dem Schluss der letzten mündlichen Tatsachenverhandlung entstanden sind. Die erstmalige Aufrechnungsmöglichkeit (sprich die Aufrechnungslage) bestand bereits im Jahre 2000, also vor dem Schluss der letzten mündlichen Tatsachenverhandlung. Erklärt wurde die Aufrechnung allerdings erst nach dem Schluss der letzten Verhandlung. Es fragt sich daher, auf welchen Ztpkt. abzustellen ist. Für den Ztpkt. der Aufrechnungserklärung spricht, dass diese eine rechtsgestaltende Willenserklärung ist, d.h. erst mit Ausübung der Anspruch vernichtet wird. Dem ist jedoch entgegenzuhalten, dass auf diese Weise der Vollstreckungsschuldner, der alle Instanzen ausgenutzt hat, die **Vollstreckungsgegenklage als eine Art "Superrevisionsinstanz" missbrauchen** könnte, obwohl er schon vorher die Einwendung rechtsgestaltend hätte herbeiführen können.

Diesen Bedenken könnte man entgegnen, indem man die Einwendung des Schuldners wegen Verletzung der allgemeinen Prozessförderungspflicht in analoger Anwendung der §§ 277 I, 282 I, 296 II, 531 II nicht zulässt, wenn er – der Schuldner – nachlässig oder gar rechtsmissbräuchlich gehandelt hat. Eine solche wertende Einschränkung würde aber zu einer völligen Aufweichung der Rechtskraft durch die Verwendung nicht eindeutig bestimmbarer Kriterien führen und somit im Ergebnis zur Rechtsunsicherheit beitragen. Denn § 767 II ist Ausfluss der Rechtskraft und bestimmt deren zeitliche Grenzen. Mithin kommt es im Interesse der Rechtssicherheit bzw. im Interesse der Rechtskraft auf die erstmalige Aufrechnungsmöglichkeit an. Da diese Möglichkeit bereits vor dem Schluss der letzten mündlichen Tatsachenverhandlung bestand, ist die Aufrechnung nach § 767 II präkludiert.

IV. Ergebnis: Die Vollstreckungsgegenklage ist i.H.v. 500 € unzulässig und i.H. der restlichen 3.500 € unbegründet.

Fall 7 – Die Zwangsvollstreckung aus einem unwirksamen Titel

Grobi hat gegen Schnarchi vor dem AG Flensburg Klage auf Zahlung von 4.000,-- € erhoben. Da Schnarchi nicht rechtzeitig seine Verteidigungsbereitschaft anzeigt, ergeht gegen ihn antragsgemäß Versäumnisurteil im schriftlichen Vorverfahren. Hiergegen legt Schnarchi jedoch rechtzeitig Einspruch ein. Im daraufhin anberaumten Einspruchstermin schließen Grobi und Schnarchi einen Vergleich, wonach Schnarchi lediglich Zahlung von 2.000;- € schuldet. Grobi vollstreckt jedoch zwischenzeitlich bereits fleißig aus dem Versäumnisurteil; er beschränkt seinen Vollstreckungsauftrag allerdings auf 2.000,- €. Schnarchi meint, die Vollstreckung aus dem Versäumnisurteil sei gänzlich unzulässig, da das Versäumnisurteil durch den Vergleich unwirksam geworden sei. Dementsprechend bittet er Grobi, die Zwangsvollstreckung einzustellen. Grobi ist jedoch gänzlich abgeneigt, dieser Bitte nachzukommen, was Schnarchi zum Anlass nimmt, Vollstreckungsgegenklage vor dem AG Flensburg zu erheben. Wie wird das Gericht entscheiden?

Lösungsvorschlag

I. Zulässigkeit

1. Die Vollstreckungsgegenklage ist nach § 767 I **statthaft**, wenn der Schuldner (=Kläger) materielle Einwendungen gegen den titulierten Anspruch geltend macht. S macht geltend, das Versäumnisurteil sei durch den Vergleich unwirksam geworden. Damit macht er jedoch keine materiellen Einwendugen gegen den titulierten Anspruch, sondern vielmehr gegen den Titel

selbst geltend. Eine unmittelbare Anwendung des § 767 I kommt daher nicht in Betracht. Unter Umständen ist § 767 I aber analog anwendbar. Da es der Sache nach um die Vollstreckungsfähigkeit geht, die nach der Systematik der ZPO nur im Wege der Vollsteckungsgegenklage beseitigt werden kann, und die Interssenlage vergleichbar ist, wenn der Schuldner die Unwirksamkeit des Titels aus materiellen Gründen geltend macht, rechtfertigt sich eine analoge Anwendung des § 767 I in Form einer prozessualen Gestaltungsklage sui generis (BGH 124, 164 171). Allerdings hat S ausdrücklich Vollstreckungsgegenklage erhoben. Der Klagebegründung ist aber zu entnehmen, dass wegen der Unwirksamkeit des Versäumnisurteils die Unzulässigkeit der ZV ausgesprochen werden soll. Folglich ist das Klagebegehren als prozessuale Gestaltungsklage sui generis analog § 767 I auszulegen.

2. Das AG Flensburg ist als Prozessgericht des ersten Rechtszuges analog §§ 767 I, 802 ausschließlich örtlich und sachlich **zuständig**.

3. Fraglich ist jedoch, ob ein **allgemeines Rechtsschutzbedürfnis** für eine Klage analog § 767 I bestand. Grds. ist ein allgemeines Rechtsschutzbedürfnis nur gegeben, wenn kein einfacherer, billigerer und schnellerer Weg zur Erreichung des begehrten Rechtsschutzes ersichtlich ist. Vorliegend hätte S die Unwirksamkeit des Versäumnisurteils möglicherweise mit der Klauselerinnerung nach § 732 geltend machen können. Die Erinnerung nach § 732 ist gegen alle Arten von Klauseln mit allen Arten von Einwendungen gegen die Zulässigkeit der Klausel statthaft. Voraussetzung der Erteilung einer Klausel ist stets das Vorliegen eines wirksamen vollstreckungsfähigen Titels. S hätte also im Wege der Klauselerinnerung geltend machen können, das Versäumnisurteil sei unwirksam. Grds. ist die Klauselerinnerung auch aufgrund der Abhilfemöglichkeit durch den die Klausel erlassenen UrkB der einfachere und schnellere Weg das Rechtsschutzziel zu erreichen. Schließlich ist die Klauselerinnerung billiger als die Klage analog § 767 I, da keine Gerichtskosten anfallen und im Falle der anwaltlichen Vertretung nur eine 0,3 Verfahrensgebühr (Nr. 3309 VV RVG) sowie ggf. eine 0,3 Terminsgebühr (Nr. 3310 VV RVG) entstehen. Bei der Klage analog 767 I entstehen grds. 3,0 Gerichtsgebühren und im Falle der anwaltlichen Vertretung eine 1,3 Verfahrensgebühr (Nr. 3100 VV RVG) sowie eine 1,2 Terminsgebühr (Nr. 3104 VV RVG). Man könnte daher die Auffassung vertreten, ein Bedürfnis § 767 I analog anzuwenden bestehe nur dann, wenn der Schuldner neben der Unwirksamkeit des Titels materielle Einwendungen gegen den titulierten Anspruch geltend mache, da eine Vollstreckungsgegenklage und eine Klauselerinnerung im Unterschied zu einer Vollstreckungsgegenklage und einer Klage analog § 767 I nicht im Wege der objektiven Klagenhäufung (§ 260) miteinander verbunden werden können (so das LG Karlsruhe Urteil v. 29.9.06 – 11 O 86/06). Im Ergebnis ist diese einschränkende Voraussetzung jedoch abzulehnen. Denn das Verfahren nach § 732 führt nicht dazu, dass die ZV aus dem Titel unzulässig ist. Mit der Klauselerinnerung kann – im Gegensatz zu § 767 I analog - nur eine Entscheidung darüber herbeigführt werden, dass die ZV aus der erteilten Klausel unzulässig ist. Es besteht kein Grund, dem S den weitergehenden Rechtsbehelf abzuschneiden (BGH 118, 229 234; BGH Beshluss v. 23.8.07 – VII ZB 115/06).

Nach alledem ist die Klage zulässig.

II. Begründetheit: Die Klage ist auch begründet, da das Versäumnisurteil durch den Vergleich im Einspruchstermin seine Wirksamkeit verloren hat, ohne dass es hierzu eines gesonderten Ausspruchs durch das Gericht bedurft hätte (BGH Beschluss v. 23.8.07 – VII ZB 115/06).

III. Entscheidung: Das Gericht wird die ZV aus dem Versäumnisurteil für unzulässig erklären.

B. Die Drittwiderspruchsklage (§ 771)

Die Vollstreckungsorgane orientieren sich bei der ZV lediglich an rein äußerliche Merkmale – z.B. prüft der GV i.d.R. nur die Gewahrsamsverhältnisse (§§ 808, 809), nicht aber die Eigentumslage. Auch Forderungen und sonstige Rechte werden gepfändet, ohne dass vorher geprüft wird, ob sie dem Schuldner tatsächlich zustehen (vgl. § 834). Aufgrund dieser strengen Formalisierung kann es leicht zu materiellrechtlichen Übergriffen in die Vermögensmassen Dritter kommen. Der Dritte, dessen Vermögen betroffen ist, kann sich dann mit der Drittwiderspruchsklage gegen die konkrete Vollstreckungsmaßnahme zur Wehr setzen (§ 771). Denn der Gläubiger soll letztlich nur durch das Vermögen des Schuldners befriedigt werden.

> ***Bsp.:*** *Zur Befriedigung seiner titulierten Forderung lässt G bei seinem Schuldner S ein Fahrrad pfänden. Dieses Fahrrad gehört jedoch D, der es lediglich dem S geliehen hatte.*

Die Drittwiderspruchsklage ist ebenso wie die Vollstreckungsgegenklage eine **prozessuale Gestaltungsklage** (BGH 58, 207 214). Im Unterschied zur Vollstreckungsabwehrklage **richtet** sie **sich aber nicht gegen die Vollstreckbarkeit des Titels schlechthin, sondern nur gegen die Zulässigkeit einer einzelnen Vollstreckungsmaßnahme.**

Eine **Klage auf Herausgabe nach § 985 BGB** (und auf Beseitigung bzw. Unterlassung nach § 1004 BGB) **ist neben der Drittwiderspruchsklage nicht zulässig**. § 771 ist der speziellere Rechtsbehelf, da nur er zur Einstellung der ZV führen kann (§ 775 Nr. 1). Allerdings kann mit der Drittwiderspruchsklage eine Herausgabeklage gegen den Schuldner kombiniert werden. Schuldner und Gläubiger sind dann einfache Streitgenossen (§ 771 II).

Erleidet der Dritte durch die ZV in seinen Vermögensgegenstand einen Schaden (wie z.B. Nutzungsausfall), so besteht auch die Möglichkeit diesen S.E.-Anspruch noch während der laufenden Vollstreckung neben der Drittwiderspruchsklage im Wege der kumulativen Klagenhäufung geltend zu machen (§ 260). Als Anspruchsgrundlage kommt § 823 I BGB oder bei schuldhaft verspäteter Freigabe §§ 280 I, II, 286 BGB in Betracht. Die §§ 987 ff. BGB sind als Begleitschuldverhältnis zu § 985 BGB ebenfalls durch § 771 ausgeschlossen.

Parteien der Drittwiderspruchsklage **sind** auf Klägerseite **der Dritte**, der einen materiell-rechtlichen Übergriff in sein Vermögen behauptet **und** auf Beklagtenseite **der die ZV betreibende Gläubiger**.

I. Zulässigkeit der Drittwiderspruchsklage

Neben den allgemeinen Zulässigkeitsvoraussetzungen sind folgende Besonderheiten zu beachten:

1. Statthaftigkeit

Die Drittwiderspruchsklage ist gem. § 771 I statthaft, wenn ein Dritter (also nicht der Gläubiger oder der Schuldner) behauptet, ihm stehe an dem Gegenstand der ZV ein die Veräußerung hinderndes Recht zu.

Der Gesetzeswortlaut ist missverständlich gefasst, weil nicht einmal fremdes Eigentum als stärkstes dingliches Recht die Veräußerung an einen gutgläubigen Erwerber hindern kann (§§ 932 ff., 892 BGB). Gemeint ist vielmehr, dass durch die Vollstreckungsmaßnahme in den Zuweisungsgehalt eines Drittrechts eingegriffen worden sein muss; sich eine Veräußerung durch den Schuldner dem Dritten ggü. also als rechtswidrig darstellen würde. Man spricht vielfach daher auch von einem Interventionsrecht.

2. Ordnungsgemäße Klageerhebung

Es gelten die allgemeinen Vorschriften (§§ 261 I, 253, 130). Der Klageantrag (§ 253 II Nr. 2) muss entsprechend dem Ziel der Drittwiderspruchsklage darauf gerichtet sein, dass die ZV aufgrund einer bestimmten (genau zu bezeichnenden) Vollstreckungsmaßnahme aus dem (genau zu bezeichnenden Titel) in einen bestimmten (genau zu bezeichnenden) Vollstreckungsgegenstand für unzulässig erklärt wird (vgl. § 775 Nr. 1).

Merken Sie: Die Klageerhebung nach § 771 I hemmt nicht die Vollstreckung. Es empfiehlt sich daher zusätzlich einen Antrag nach §§ 771 III, 769 zu stellen.

3. Örtliche und sachliche Zuständigkeit

Das Gericht in dessen Bezirk die Zwangsvollstreckungsmaßnahme erfolgt ist, ist **ausschließlich örtlich zuständig (§§ 771 I, 802)**. Die **sachliche Zuständigkeit** bestimmt sich – mangels abweichender Regelung – nach den allgemeinen Grundsätzen der **§§ 23 Nr. 1, 71 I GVG**.

Bei der Drittwiderspruchsklage ist zur **Bestimmung des Streitwerts** entweder der Wert der Forderung (wegen der der Beklagte die ZV betreibt) oder der Wert des gepfändeten Gegenstandes maßgebend, falls dieser unter dem Wert der Vollstreckungsforderung liegt **(§ 6)**. Es entscheidet also stets der niedrigere dieser beiden Werte.

4. Allgemeines Rechtsschutzbedürfnis

Das **RSB entsteht, sobald das Zugriffsobjekt feststeht**. Das ist i.d.R. erst mit der Pfändung der Fall; bei der Herausgabevollstreckung (§§ 883 ff.) jedoch bereits ab dem Ztpkt. des Vorliegens des Titels, weil sich schon aus diesem der Gegenstand der

Vollstreckung ergibt. Und es **endet** erst, **wenn die Vollstreckung aus Sicht des Dritten beendet ist**. Das ist z.B. bei Versteigerung der gepfändeten Sache durch den GV erst mit Auskehr des Erlöses der Fall. Denn das Recht des Dritten setzt sich im Wege der dinglichen Surrogation an dem Erlös fort (vgl. § 1247 S. 2 BGB).

> **Beachten Sie** den **Unterschied zur Vollstreckungsgegenklage**, wo sich der Zeitraum, in dem ein RSB gegeben ist, aus Sicht des Schuldners beurteilt.
>
> Nach Beendigung der ZV - d.h. in diesem Fall nach Auskehr des Erlöses - kann der Dritte nur noch Schadensersatz- oder Bereicherungsansprüche geltend machen (s. 10. Kap.). War die Drittwiderspruchsklage bereits anhängig, ist dies auch durch Klageänderung gem. § 264 Nr. 3 möglich.

Sonderproblem: Auch bei Pfändung einer schuldnerfremden Forderung besteht für den wahren Forderungsinhaber ein RSB, obgleich die Pfändung "ein Schlag ins Leere" ist (s. hierzu 12. Kap. A I 2.) Grund: Durch den Schein einer wirksamen Pfändung besteht die Gefahr, dass der Drittschuldner an den Vollstreckungsgläubiger leistet. Zudem könnte der Drittschuldner bei Unklarheiten über die Person des Forderungsgläubigers - wenn er nicht gerade den geschuldeten Betrag hinterlegt (§§ 372 ff. BGB) - sowohl einer Klage des wahren Forderungsgläubigers als auch des Vollstreckungsgläubigers ausgesetzt sein (LG Münster 90, 932).

II. Begründetheit der Drittwiderspruchsklage

Die Drittwiderspruchsklage ist begründet, wenn dem Kläger tatsächlich ein die Veräußerung hinderndes Recht i.S.d. § 771 I zusteht und er die Vollstreckung nicht nach dem Rechtsgedanken des § 242 BGB dulden muss.

1. Die Veräußerung hindernde Rechte

Insbesondere folgende Rechtspositionen stellen Interventionsrechte i.S.d. § 771 I dar:

- **Eigentum** (auch Mit- und Vorbehaltseigentum)

  Bsp.: *V veräußert K einen Pkw unter Eigentumsvorbehalt. G, ein Titelgläubiger des K, pfändet das Auto. V kann – unter Berufung auf sein Vorbehaltseigentum – Drittwiderspruchsklage erheben.*

- **Anwartschaftsrecht**
  Wenn im obigen Bsp. ein Titelgläubiger des V den Pkw pfänden lässt, kann K – unter Berufung auf sein Anwartschaftsrecht - Klage nach § 771 erheben.

- **Sicherungseigentum** (str.)
  Bei der Pfändung von Sicherungseigentum muss danach unterschieden werden, ob ein Gläubiger des Sicherungsnehmers oder ein Gläubiger des Sicherungsgebers den zur Sicherheit übereigneten Gegenstand gepfändet hat:

a) Pfändet ein Gläubiger des Sicherungsgebers das Sicherungseigentum, so hat der Sicherungseigentümer (=Sicherungsnehmer) nach h.M. ein Interventionsrecht, solange der zu sichernde Anspruch besteht. Denn Sicherungseigentum stelle materiellrechtlich vollwertiges Eigentum dar (BGH 12, 232 234; Thomas/Putzo § 771 Rn. 15). Nach a.A. kann der Sicherungseigentümer nur Klage auf vorzugsweise Befriedigung gem. § 805 erheben, da das Sicherungseigentum einem besitzlosen Pfandrecht gleichkomme (BL/H § 771 Rn. 26). Der Sicherungseigentümer habe schließlich auch im Insolvenzverfahren lediglich ein Absonderungsrecht (§ 51 Nr. 1 InsO). Dem hält die h.M. zu Recht entgegen, dass sich die unterschiedliche Handhabung dadurch rechtfertige, dass es bei der Einzelvollstreckung im Gegensatz zur Gesamtvollstreckung nicht zu einer Gesamtverwertung des Schuldnervermögens komme (vgl. § 1 InsO). Der Sicherungseigentümer könne daher durchaus ein schützenswertes Interesse daran haben, dass der Sicherungsgeber (=Schuldner) weiter mit der Sache wirtschaften kann, um beispielsweise die gesicherte Forderung tilgen zu können oder nur um den guten Schein zu wahren, damit der geschäftliche Ruf des Sicherungsgebers nicht gefährdet werde.

b) Pfändet ein Gläubiger des Sicherungsnehmers (=Sicherungseigentümer) den zur Sicherheit übereigneten Gegenstand, so hat nach h.M. der Sicherungsgeber bis zum Ztpkt. der Verwertungsreife ein die Veräußerung hinderndes Recht. Grund: Die zur Sicherheit übereignete Sache diene nur zur Sicherung der Forderung des Sicherungsnehmers gegen den Sicherungsgeber und nicht zur Befriedigung der Gläubiger des Sicherungsnehmers. Das Sicherungsgut gehöre daher bis zu dem Ztpkt., in dem der Sicherungsnehmer die Sache verwerten darf, wirtschaftlich zum Vermögen des Sicherungsgebers (BGH 72, 141 143 ff.).

- **Forderungsinhaberschaft**,
  um den Rechtsschein einer wirksamen Pfändung zu beseitigen (s.o. I 4).
- **beschränkt dingliche Rechte,**
  wie z.B. Grundpfandrechte, ein Erbbaurecht oder ein Wohnrecht, soweit sie durch die ZV beeinträchtigt werden.
- **schuldrechtliche Herausgabeansprüche,**
  wenn sie auf Herausgabe einer Sache gerichtet sind, die dem Schuldner nicht zum Zwecke der Eigentumsübertragung überlassen worden ist (wie z.B. aus Verwahrung, Miete oder Leihe). Bloße Eigentumsverschaffungsansprüche (wie z.B. aus Kauf oder Vermächtnis) gewähren dagegen kein Interventionsrecht, da der Vollstreckungsgegenstand in diesen Fällen noch zum Vermögen des Schuldners gehört. Auch ein sich aus dem AnfG ergebener Rückgewähranspruch ist lediglich ein obligatorischer Verschaffungsanspruch (BGH NJW 90, 990 992; a.A. KG NJW 58, 914).
- **Besitz** (str.)
  Der Besitz als solcher stellt kein Interventionsrecht dar, da er lediglich auf das tatsächliche Verhältnis abstellt (Thomas/Putzo § 771 Rn. 21; a.A. Zöller § 771 Rn. 14).

Beachten Sie: Das Verfahren richtet sich nach den normalen Grundsätzen. D.h. durch eine Schlüssigkeits- und Erheblichkeitsprüfung sind beweisbedürftige Tatsachen herauszuarbeiten und ggf. durch angebotenen Beweis der beweisbelasteten Partei zu klären.

2. Duldungspflicht des Klägers

In folgenden Fällen muss der Dritte trotz seines bestehenden Interventionsrechts die Vollstreckung wegen unzulässiger Rechtsausübung (§ 242 BGB) dulden:

- Dem die ZV betreibenden Gläubiger (=Beklagter) steht ein Pfandrecht an dem Vollstreckungsgegenstand zu (z.B. ein Werkunternehmerpfandrecht), das dem Interventionsrecht des Klägers im Rang vorgeht.

- Der Kläger ist zur Rückübereignung des Vollstreckungsgegenstandes an den Schuldner verpflichtet (z.B. nach Tilgung einer gesicherten Darlehensforderung).

- Die Überlassung der Sache an den Dritten kann von dem Gläubiger (=Beklagten) nach dem Anfechtungsgesetz angefochten werden (vgl. § 9 AnfG). Rechtsfolge einer solchen Anfechtung ist, dass der Dritte dem Gläubiger das Erlangte zur Verfügung zu stellen hat, soweit es zu dessen Befriedigung benötigt wird (§ 11 AnfG).

- Der Kläger haftet dem Beklagten selbst materiell-rechtlich für die titulierte Forderung (z.B. als Bürge, Gesamtschuldner oder Gesellschafter).

  Bsp.: *Gläubiger G pfändet aufgrund eines gegen die Gesellschaft S gerichteten Titels einen Schreibtisch des Gesellschafters D, der sich im Gewahrsam der Gesellschaft befindet. Eine Drittwiderspruchsklage des D – unter Berufung auf sein Eigentum – ist wegen unzulässiger Rechtsausübung unbegründet. Da D dem G nach § 128 HGB persönlich für die Verbindlichkeiten der Gesellschaft als Gesamtschuldner haftet, muss er die ZV dulden. Eine Berufung des D auf § 129 IV HGB würde eine unzulässige Rechtsausübung darstellen. Denn G könnte sich den fehlenden Titel gegen D im Wege der Widerklage (§ 33) beschaffen. Dies wäre purer Formalismus (h.M: BGH NJW 81, 1835).*

- Der Kläger hat sein Interventionsrecht durch eine unerlaubte Handlung ggü. dem Beklagten erlangt.

III. Tenorierung (für Referendare!)

Ist die Klage zulässig und begründet, so lautet der Hauptausspruch: "Die ZV des Beklagten aus dem (genau bezeichneten Titel) in den (genau bezeichneten Vollstreckungsgegenstand) wird für unzulässig erklärt". Ist sie unzulässig oder unbegründet, so ist sie abzuweisen. Kosten: §§ 91 ff.. Vorl. Vollstreckbarkeit (§§ 708 ff.): Es gilt das im Rahmen der Vollstreckungsgegenklage Gesagte entsprechend (s.o. A IV 3).

Fall 8 - "Der zur Sicherheit übereignete Bagger":

Schnuddel betreibt ein Kieswerk in Flensburg. "Kies" hat er aber nicht. Als sein alter Bagger den Geist aufgibt, sieht er sich dazu gezwungen, einen neuen Bagger auf Raten zu kaufen, um das Kieswerk weiter betreiben zu können. Der Verkäufer X behält sich bis zur vollständigen Kaufpreiszahlung das Eigentum an dem Bagger vor. Der Kaufpreis beträgt insgesamt 4.000 €. Dies entspricht auch dem Wert des Baggers.

Da Schnuddel zunehmend ggü. seinen Gläubigern in Zahlungsschwierigkeiten gerät, nimmt er bei seinem Freund D. Ritter ein (Geld-) Darlehen auf. Zur Sicherheit lässt sich D. Ritter den Bagger übereignen, obwohl Schnuddel ausdrücklich darauf hingewiesen hat, dass der Bagger lediglich unter Eigentumsvorbehalt geliefert worden ist. Kurz darauf zahlt Schnuddel die letzten Kaufpreisraten an X.

Einer seiner Gläubiger – sein Erzrivale Bodo – hat jedoch zwischenzeitlich ein rechtskräftiges Urteil über 6.000 € vor dem Landgericht Flensburg gegen Schnuddel erwirkt, aus dem er die ZV in den Bagger betreibt. Als D. Ritter von der Pfändung des Baggers durch den GV erfährt, klagt er gegen Bodo unter Berufung auf sein Eigentum "auf Freigabe des Baggers" vor dem Amtsgericht Flensburg. Die Klage wird dem Bodo persönlich zugestellt. Dieser läuft sodann zu seinem Prozessbevollmächtigten Rechtsanwalt Schmächtig und "petzt". RA Schmächtig, der Bodo auch schon in dem Prozess gegen Schnuddel vor dem Landgericht vertreten hatte, lässt sich die Klageschrift von Bodo aushändigen und beantragt für diesen Klageabweisung. Wie wird das Gericht entscheiden?

Lösungsvorschlag

I. "Antragsstation/Klageart": Buchstäblich ist der Klageantrag "auf Freigabe" als Leistungsklage auf Abgabe einer Willenserklärung zu verstehen. Klageanträge sind jedoch – wie alle Prozesserklärungen – über ihren Wortlaut hinaus der Auslegung analog § 133 BGB fähig. Bei der Ermittlung des wirklichen Willens ist im Zweifel davon auszugehen, dass vom Kläger dasjenige gewollt ist, was nach den Maßstäben der Rechtsordnung zur Durchsetzung seines Begehrens sinnvoll ist. Dabei kann die Klagebegründung als Auslegungshilfe herangezogen werden (BGH NJW-RR 98, 1005). Grenze der Auslegung ist jedoch § 308 I; das klägerische Begehren darf also nicht so ausgelegt werden, dass dem Kläger im Falle des Obsiegens mehr oder gar etwas anderes als beantragt zugesprochen werden würde. Der Klageantrag des D ist daher sinnvollerweise als Antrag einer Drittwiderspruchsklage auf "Unzulässigerklärung der ZV in den Bagger" auszulegen (prozessuale Gestaltungsklage). Denn er stützt sein Begehren auf sein (behauptetes) Eigentum, also ein "die Veräußerung hinderndes Recht" i.S.d. § 771 I. Ob die Drittwiderspruchsklage bei (behaupteter) Beeinträchtigung von Sicherungseigentum der richtige Rechtsbehelf ist oder ob der Kläger nicht vielmehr auf vorzugsweise Befriedigung hätte klagen müssen, ist eine Frage der Statthaftigkeit der Klage und kann daher an dieser Stelle dahingestellt bleiben. Denn D begehrt jedenfalls nicht vorzugsweise Befriedigung aus dem Versteigerungserlös (§ 805 I). Er will, dass S den Bagger zurückerhält, er will also gerade die Versteigerung verhindern.

II. Zulässigkeit

1. Es ist zunächst fraglich, ob die **Klage** überhaupt **wirksam erhoben** worden ist (§§ 261 I, 253 I). Womöglich hätte die Klageschrift gem. § 172 I dem Prozessbevollmächtigen des Beklagten zugestellt werden müssen, da dessen Prozessvollmacht für den Rechtsstreit zwischen B und S vor dem LG Flensburg gem. § 81 grds. auch die aus diesem Prozess herrührenden Zwangsvollstreckungsklagen – und damit möglicherweise auch die vorliegende Klage – erfasst. Nach ü.A. meint § 172 I aber nur solche Verfahren, die sich zwischen denselben Parteien abspielen, da die Bestellung des Prozessbevollmächtigten nicht dem klagenden Dritten ggü. geschehen ist (vgl. Zöller § 172 Rn. 17; Thomas/Putzo § 172 Rn. 7). Zum Teil wird jedoch die Auffassung vertreten, dies sei unbeachtlich. § 172 I gelte ungeachtet einer Drittbeteiligung (vgl. u.a. Naunburg OLG 18, 410). Einer Entscheidung des Streitstandes bedarf es vorliegend jedoch nicht. Denn selbst wenn man einen Zustellungsmangel annehmen würde, so wäre dieser gem. § 189 geheilt worden, da der Prozessbevollmächtigte des Beklagten in den Besitz der Klageschrift gelangt ist. Zudem wäre der Mangel gem. § 295 unbeachtlich, wenn der Beklagte in der mündlichen Verhandlung rügelos zur Hauptsache verhandelt.

2. Es ist daher weiter zu fragen, ob die (wirksam erhobene) Drittwiderspruchsklage **statthaft** ist. Das ist gem. § 771 I der Fall, wenn ein Dritter (also weder der Gläubiger noch der Schuldner) behauptet, ihm stehe an dem Vollstreckungsobjekt ein "die Veräußerung hinderndes Recht" zu. Der Gesetzeswortlaut ist missverständlich gefasst, weil nicht einmal Eigentum als stärkstes dingliches Recht die Veräußerung an einen gutgläubigen Erwerber hindern kann (vgl. §§ 932 ff., 892 BGB). Gemeint ist vielmehr, dass der Kläger behaupten muss, der Gläubiger (= Beklagte) greife durch die Vollstreckungsmaßnahme in den Zuweisungsgehalt eines Drittrechts ein (sog. Interventionsrecht). D ist Dritter. B ist auch der richtige Beklagte, da er der Vollstreckungsgläubiger ist. Fraglich ist aber, ob B ein Interventionsrecht im o.g. Sinne behauptet. Eigentum ist zwar unzweifelhaft ein "die Veräußerung hinderndes Recht" i.S.d. § 771 I. Ob allerdings auch das behauptete Sicherungseigentum hierzu zählt, ist zweifelhaft. Denn das Sicherungseigentum kommt in vielerlei Hinsicht einem besitzlosen Pfandrecht gleich. Im Insolvenzverfahren hat der Sicherungseigentümer schließlich gem. § 51 Nr. 1 InsO auch nur ein Absonderungsrecht. Man könnte daraus den Schluss ziehen, der Dritte könne nur Klage auf vorzugsweise Befriedigung gem. § 805 erheben. Dem ist jedoch entgegenzuhalten, dass die Interessenlage in der Einzelvollstreckung eine ganz andere ist als in der Gesamtvollstreckung. Im Gegegensatz zur Gesamtvollstreckung kommt es bei der Einzelvollstreckung nicht zu einer Gesamtverwertung des Schuldnervermögens (vgl. § 1 InsO). Der Sicherungseigentümer (= Dritte) hat – so wie hier – häufig ein schützenswertes Interesse daran, dass der Sicherungsgeber (= Schuldner) weiter mit der Sache wirtschaften kann. Andernfalls wäre es dem S vorliegend kaum jemals möglich, die gesicherte (Geld-) Darlehensforderung zu tilgen. Mit einer vorzugsweisen Befriedigung wäre dem D nicht gedient, da der Versteigerungserlös eines gebrauchten Baggers nicht allzu hoch sein wird und womöglich nicht ausreicht, um die gesicherte Forderung zu tilgen. Allein deshalb ist eine unterschiedliche Handhabung zum Insolvenzrecht gerechtfertigt. Zudem stellt Sicherungseigentum materiellrechtlich vollwertiges Eigentum dar. Die Drittwiderspruchsklage des D gegen B ist daher statthaft.

Merken Sie sich, dass die h.M. die Frage, ob Sicherungseigentum ein Interventionsrecht darstellt, erst in der Begründetheit prüft (Brox/Walker Rn. 1417, Zöller § 771 Rn. 14). Dies ist m.E. aber ungenau, da die Statthaftigkeit voraussetzt, dass ein Interventionsrecht behauptet wird. Und wenn man die Ansicht vertritt, Sicherungseigentum sei kein Interventionsrecht, behauptet der Kläger auch nicht ein solches (vgl. auch Baur/Stürner, Fälle u. Lösungen, S. 89 f.). Sie müssen sich in der Klausur einfach für den einen oder anderen Aufbau entscheiden, dürfen dies aber nicht (groß) diskutieren.

3. Flensburg ist gem. §§ 771 I, 802 ausschließlich örtlich **zuständig**, da die angegriffene Zwangsvollstreckungsmaßnahme in Flensburg erfolgt ist. Die sachliche Zuständigkeit bestimmt sich mangels abweichender Regelung nach §§ 23 Nr. 1, 71 I GVG. Das AG wäre also nur sachlich zuständig, wenn der Streitwert nicht 5.000 € übersteigt. Die titulierte Forderung, wegen der B die ZV betreibt, übersteigt zwar den Betrag von 5.000 €. Der Wert des gepfändeten Baggers beträgt jedoch lediglich 4.000 €. Der Streitwert der Drittwiderspruchsklage bestimmt sich gem. § 6 stets nach dem niedrigeren dieser beiden Werte. Folglich ist das AG auch sachlich zuständig.

4. Schließlich müsste zur Zulässigkeit ein **allgemeines Rechtsschutzbedürfnis** (RSB) für die Erhebung der Drittwiderspruchsklage bestehen. Das ist regelmäßig von dem Ztpkt. der Pfändung bis zum Auskehr des Erlöses an den Beklagten (= Gläubiger) der Fall. Denn das Recht des Klägers (= Dritten) setzt sich im Wege der dinglichen Surrogation an dem Erlös fort (vgl. § 1247 S. 2 BGB). Eine Zwangsversteigerung hat noch nicht stattgefunden. Demnach ist auch noch nicht der Erlös ausgekehrt worden.

Dem Kläger würde aber das RSB fehlen, wenn ein einfacherer, billigerer und schnellerer Weg zur Erreichung des begehrten Rechtsschutzes ersichtlich ist. Einen solchen Weg könnte die Erinnerung nach § 766 I darstellen. D hätte im Wege der Erinnerung rügen können, der GV sei gem. § 865 II S. 1 gar nicht zur Pfändung des Baggers funktionell zuständig gewesen, da der Bagger Grundstückszubehör darstelle, das in den fiktiven Haftungsverband einer Hypothek falle (s. ausführlich Fall 4). Dieser Weg wäre auf jeden Fall kostengünstiger, weil die Erinnerung im Gegensatz zur Drittwiderspruchsklage gerichtsgebührenfrei ist. Dennoch wird ganz überwiegend die Meinung vertreten, es bestehe zwischen beiden Rechtsbehelfen ein Wahlrecht; der Betroffene soll sogar Erinnerung und Drittwiderspruchsklage gemeinsam erheben können. Dieser Ansicht ist zuzustimmen. Denn die Erinnerung erfasst lediglich Verfahrensfehler und die Drittwiderspruchsklage Eingriffe in materielles Recht. Der Betroffene muss grds. selbst entscheiden dürfen, worauf er sich berufen will. Dies ist Ausfluss der Dispositionsmaxime.

Fraglich ist jedoch, ob dies auch gilt, wenn – so wie hier - ein Verstoß gegen § 865 II S. 1 ernsthaft in Betracht kommt. Denn insb. nach der Rspr. führt ein Verstoß gegen § 865 II S. 1 zur Nichtigkeit (und nicht lediglich Rechtswidrigkeit) der Vollstreckungsmaßnahme, so dass der Bagger weder wirksam verstrickt worden, noch ein Pfändungspfandrecht an ihm zur Entstehung gelangt wäre. Es kann aber letztlich dahingestellt bleiben, ob dieser sehr umstrittenen Rspr. im Ergebnis zu folgen ist, da selbst wenn man von der Nichtigkeit der Pfändung des Baggers ausgeht, dem Kläger nicht das RSB für eine Drittwiderspruchsklage abgesprochen werden kann: Durch den Schein einer wirksamen Pfändung und der damit anstehenden Verwertung der Pfandsache besteht nämlich die Gefahr, dass D sein behauptetes Sicherungseigentum verliert (Paralellproblem: Der wahre Forderungsinhaber kann bei Pfändung der schuldnerfremden Forderung zur Beseitigung des Scheins Drittwiderspruchsklage erheben!). D muss daher auch die Möglichkeit haben, diesem drohenden Rechtsverlust begegnen zu können.

Die Klage ist mithin zulässig.

III. Begründetheit

Die Drittwiderspruchsklage ist begründet, wenn dem Kläger das behauptete "die Veräußerung hindernde Recht" tatsächlich zusteht und er die Vollstreckung nicht nach dem Rechtsgedanken des § 242 BGB dulden muss.

1. D müsste also **tatsächlich Sicherungseigentum** an dem Bagger erworben haben. Als S und D sich über den Eigentumsübergang an dem Bagger i.S.d. §§ 929 S. 1, 930 BGB einigten, war S jedoch nicht Eigentümer. Dies war (noch) der Vorbehaltsverkäufer X. S hat daher als Nichtberechtigter verfügt. Ein gutgläubiger Eigentumserwerb vom Nichtberechtigten scheitert jedoch bereits an der fehlenden Übergabe i.S.d. § 933 BGB. Außerdem hatte D Kenntnis von der fehlenden Berechtigung des S i.S.v. § 932 II BGB.

Der Vorbehaltskäufer S hatte jedoch ein Anwartschaftsrecht an dem Bagger erworben. Da das Anwartschaftsrecht lediglich eine Vorstufe des Eigentums darstellt, wird es analog §§ 929 ff. BGB übertragen. S konnte daher sein Anwartschaftsrecht analog §§ 929 S. 1, 930 BGB auf D übertragen. Nach im Ergebnis allg. Meinung ist in einer fehlgeschlagenen Übereignung durch den Anwartschaftsberechtigten eine wirksame Übertragung des Anwartschaftsrechts zu sehen. Dies wird überwiegend mit einer sach- und interessengemäßen Auslegung der Einigungserklärung gem. §§ 133, 157 BGB begründet. D hat also zur Sicherheit das Anwartschaftsrecht analog §§ 929 S. 1, 930 BGB übertragen bekommen.

Mit Bedingungseintritt, d.h. vollständiger Kaufpreiszahlung ist dieses Anwartschaftsrecht unmittelbar in der Person des Erwerbers D zum Vollrecht erstarkt. Ein Durchgangserwerb hat nicht stattgefunden. D hat demnach Sicherungseigentum an dem Bagger erworben (Beachten Sie, dass die materielle Rechtslage in der Klausur etwas ausführlicher dargestellt werden muss. Hier ist lediglich aus Platzgründen davon abgesehen worden).

2. Eine **Pflicht zur Duldung der ZV** trotz bestehenden Interventionsrecht nach dem Rechtsgedanken des § 242 BGB ist nicht gegeben. Etwas anderes würde lediglich gelten, wenn S die gesicherte (Geld-) Darlehensforderung bereits getilgt hätte und D dementsprechend gemäß der Sicherungsabrede zur Rückübereignung des Baggers verpflichtet wäre. Denn dann wäre die Berufung auf das Sicherungseigentum rechtsmissbräuchlich.

IV. Ergebnis:

Die Klage ist begründet. Das Gericht wird daher die ZV des B aus dem (genau bezeichneten) Titel gegen S in den (genau bezeichneten) Bagger für unzulässig erklären.

C. Die Klage auf vorzugsweise Befriedigung (§ 805)

Nach § 805 I 1. HS. kann ein Dritter der Pfändung einer Sache, die sich nicht in seinem Besitz befindet, nicht mit der auf ein Pfand- oder Vorzugsrecht gestützten Drittwiderspruchsklage (§ 771) widersprechen (Grund: § 1232 S. 2 BGB). Er kann jedoch gem. § 805 I 2. HS. Klage auf vorzugsweise Befriedigung aus dem Erlös der Verwertung erheben.

> **Merken Sie:** Die Drittwiderspruchsklage nach § 771 ist nur auf Besitzpfandrechte, nicht jedoch auf besitzlose Pfandrechte an beweglichen Sachen (wie z.B. dem Vermieterpfandrecht gem. § 562 BGB) anwendbar. Umgekehrt kann jedoch der Interventionsberechtigte i.S.d. § 771 sich mit der Klage auf vorzugsweise Befriedigung begnügen. Denn die Klage nach § 805 ist eine "Drittwiderspruchsklage minderer Art".

I. Zulässigkeit

Beachten Sie folgende Besonderheiten ggü. den allgemeinen Prozessvoraussetzungen:

1. Statthaftigkeit: Die Klage auf vorzugsweise Befriedigung ist nur bei der ZV wegen Geldforderungen in körperliche Sachen (§§ 808-827), nicht dagegen z.B. bei der Pfändung von Forderungen statthaft (arg.: systematische Stellung!).

2. Zuständigkeit: Örtlich und sachlich ausschließlich zuständig ist - abhängig vom Streitwert - entweder das Vollstreckungsgericht oder das Landgericht, in dessen Bezirk das Vollstreckungsgericht seinen Sitz hat (§§ 805 II, 764 II, 802).

3. Der **Klageantrag** muss darauf gerichtet sein, dass der Kläger (= der behauptete Pfandgläubiger/Vorzugsberechtigte) aus dem Reinerlös des Pfandobjekts vor dem Beklagten (= der pfändende Gläubiger) zu befriedigen ist (prozessuale Gestaltungsklage!).

4. Das **Rechtsschutzbedürfnis** besteht, sobald die Sache gepfändet worden ist und endet erst mit Auskehr des Erlöses an den Gläubiger.

> **Merken Sie:** Nach ü.A. besteht für eine Klage nach § 805 aber kein RSB, wenn der Vorrang eines Pfändungspfandrechts vor einem anderen Pfändungspfandrecht geltend gemacht wird (§ 804 III). Der Streit soll dann im Verteilungsverfahren entschieden werden (§§ 872 ff.).

II. Begründetheit

Die Klage auf vorzugsweise Befriedigung ist begründet, wenn das behauptete besitzlose Pfand- oder Vorzugsrecht des Klägers besteht und im Rang dem Pfändungspfandrecht des Beklagten vorgeht oder wenn der Kläger ein Interventionsrecht i.S.v. § 771 hat.

> **Beachten Sie:** Die einzelnen in Betracht kommenden Pfand- und Vorzugsrechte sind in §§ 50, 51 Nr. 2-4 InsO aufgezählt.

D. Die Vollstreckungserinnerung (§ 766)

Die Vollstreckungserinnerung ist ein spezieller Rechtsbehelf, der zur Überprüfung des Vollstreckungshandelns in derselben Instanz führt; Gegenstand der Nachprüfung sind ausschließlich verfahrensrechtliche Mängel.

I. Zulässigkeit der Vollstreckungserinnerung

Neben den allgemeinen Verfahrensvoraussetzungen (insb. Partei- und Prozessfähigkeit) sind folgende Besonderheiten zu beachten:

1. Statthaftigkeit

Die Vollstreckungserinnerung ist nur bei verfahrensrechtlichen Beanstandungen statthaft, wenn

- die **"Art und Weise der ZV"**, d.h. eine **Maßnahme** des Vollstreckungsorgans gerügt wird (§ 766 I).

  Beachten Sie: Die Erinnerung muss nicht auf die Verletzung bestimmter Verfahrensvorschriften gestützt werden. Es genügt vielmehr das allgemeine Verlangen des Erinnerungsführers, die konkrete Vollstreckungs**maßnahme** auf verfahrensrechtliche Fehler überprüfen zu lassen.

  Soweit es dabei um ein **Handeln des GV** geht, liegt **stets** eine **Vollstreckungsmaßnahme** vor. Bei **Beschlüssen des Vollstreckungsgerichts** (Richter oder Rechtspfleger) kann es sich hingegen um **Vollstreckungsmaßnahmen oder Entscheidungen** (die mit der sofortigen Beschwerde nach § 793 angreifbar sind) handeln (zur Abgrenzung s.u. E I 1).

- der GV sich weigert, die Vollstreckung durchzuführen bzw. er sich weigert, die Vollstreckung nicht antragsgemäß durchzuführen (§ 766 II).
- der Kostenansatz nach § 788 unrichtig ist (§ 766 II).

2. Örtlich, sachliche und funktionelle Zuständigkeit

Ausschließlich örtlich und sachlich zuständig ist das Amtsgericht als Vollstreckungsgericht, in dessen Bezirk die ZV stattfindet (§§ 766 I, 764 I u. II, 802). Funktionell zuständig ist der Richter (§ 20 Nr. 17 S. 2 RpflG).

3. Form und Frist

Die nicht fristgebundene Erinnerung muss schriftlich oder zu Protokoll der Geschäftsstelle eingelegt werden (vgl. § 496).

Ein bestimmter Antrag ist nicht nötig; es genügt, wenn ersichtlich ist, gegen welche Handlung, Unterlassung oder Kosten sich der Erinnerungsführer wendet.

4. Erinnerungsbefugnis

Erinnerungsbefugt ist jeder, der nach seinem Vortrag durch die ZV-Maßnahme beschwert, d.h. in seinen Rechten verletzt worden ist (Beachte Parallele zu § 42 II VwGO!). Das kann sowohl der Gläubiger, der Schuldner als auch ein Dritter sein:

- Die Beschwer des **Gläubigers** ist i.d.R. unproblematisch; sie ist stets bei Amtsverweigerung des GV gegeben (vgl. § 766 II).

- Der **Schuldner** ist praktisch durch jede gegen ihn gerichtete Vollstreckungsmaßnahme beschwert.

  Ausnahmen: Es kommen lediglich Verfahrensverstöße in Betracht, die drittschützend sind. So kann der Schuldner z.B. nicht geltend machen, entgegen § 809 sei eine Sache bei einem nicht zur Herausgabe bereiten Dritten gepfändet worden (Zöller § 766 Rn. 12).

- Ein **Dritter** ist nur dann beschwert, wenn er sich auf die Verletzung einer Verfahrensvorschrift beruft, die drittschützenden Charakter hat.

  Bsp.: *Als Gewahrsamsinhaber bei einer Pfändung entgegen § 809, als Familienangehöriger des Schuldners bei einem Verstoß gegen §§ 811, 812, als Grundpfandgläubiger bei einem Verstoß gegen § 865 II S. 1 oder bei evidenten Dritteigentum ist der Dritte erinnerungsbefugt (Brox/Walker Rn. 1203-1209 mwN).*

> **Beachten Sie:** Ob auch der GV beschwert sein kann, wenn er sich gegen eine geplante, seiner Meinung nach rechtswidrige Vollstreckungsmaßnahme zur Wehr setzt, ist umstritten. Die ü.A. verneint dies mit der Begründung, der GV könne von einer Entscheidung im ZV-Verfahren nicht in eigenen Rechten betroffen sein.

5. Allgemeines Rechtsschutzbedürfnis

Das Rechtsschutzbedürfnis ist grds. gegeben, sobald die ZV mit der ersten Vollstreckungshandlung begonnen hat und die konkrete Maßnahme noch nicht beendet worden ist.

> **Beachten Sie aber:** Soweit der Erinnerungsführer sich gegen den unrichtigen Kostenansatz wendet (vgl. § 766 II), besteht auch nach Beendigung der ZV noch ein Rechtsschutzbedürfnis, da der Kostenansatz auch noch später als belastende Maßnahme fortwirkt (OLG Hamm OLG Report 01, 91 f.).

II. Die Begründetheit der Vollstreckungserinnerung

Die Vollstreckungserinnerung ist begründet, wenn die angegriffene Maßnahme (§ 766 I) oder ihre Ablehnung (§ 766 II) zum Ztpkt. der Entscheidung über die Erinnerung verfahrensfehlerhaft ist (wichtige Ausnahme: Eine gepfändete Sache wird nachträglich unpfändbar i.S.d. § 811 I, vgl. 7. Kap. III 4 d bb). Das Gericht hat über die konkreten Rügen hinaus von Amts wegen die angegriffene Vollstreckungsmaßnahme umfassend auf Verfahrensfehler hin zu überprüfen. Es muss also geprüft werden, ob

- die ZV-Voraussetzungen vorliegen (3. – 5. Kap.)
- und ob die konkrete Maßnahme ordnungsgemäß durchgeführt worden ist (vgl. den Überblick im 2. Kap. II).

Ausnahmen: Legt ein Dritter Erinnerung ein, ist nur zu prüfen, ob die seinem Schutz dienenden Verfahrensvorschriften verletzt worden sind. Für den Sonderfall der Erinnerung gegen den Kostenansatz des GV kommt es lediglich darauf an, ob der Kostenansatz zutreffend ist; das kann jedoch auch vom Vorliegen der ZV-Voraussetzungen abhängig sein (Brox/Walker Rn. 1211).

Es ist ferner zu beachten, dass der Schuldner den Umfang der Prüfung durch einen "eingeschränkten Antrag" begrenzen kann.

Bsp.: *Der GV hat beim Schuldner eine Gummipuppe und einen Palandt gepfändet. Der Schuldner greift nur die Pfändung der Gummipuppe mit der Erinnerung an. Es darf daher auch nur über diese entschieden werden.*

Merken Sie: Unzulässige Rügen (z.B. materielle Einwendungen) machen die Erinnerung nicht insoweit unzulässig; sie ist vielmehr insoweit unbegründet. Es reicht für die Zulässigkeit daher aus, wenn die Erinnerung aus irgendeinem Grund statthaft ist (vgl. Thomas/Putzo § 766 Rn. 4).

III. Die Entscheidung des Gerichts (insb. für Referendare!)

Entschieden wird durch Beschluss, eine mündl. Verhandlung ist nur fakultativ (§ 764 III).

1. Abweichend von dem normalen **Rubrum** heißt es einleitend: **"In der ZV-Sache"**. Die **Parteien** bezeichnet man als **"Gläubiger" und "Schuldner"**. Wenn ein **Dritter** Erinnerung eingelegt hat, wird er als **"Erinnerungsführer"** bezeichnet und zusätzlich im Rubrum genannt. Der Gläubiger wird i.d.R. zuerst aufgeführt, ungeachtet der Tatsache, wer Erinnerungsführer ist. **Beispiel:**

Beschluss
In der Zwangsvollstreckungssache
des Rechtsrefendars Karl-Heinz Gut, Siegerstraße 11 in 24944 Flensburg,
Gläubigers,
- Verfahrensbevollmächtigter: Rechtsanwalt Leckl in Flensburg -
g e g e n
den Zahnarzt Günther Schmerz, Kleine Gasse 5 in 24937 Flensburg,
Schuldner,
Erinnerungsführer: Dietmar Dreibein, Oluf-Samson Gang 2 in 24937 Flensburg

2. Tenorierung:

a) Beim **Hauptausspruch** können folgende Konstellationen auftreten:

- Die **Erinnerung hat keinen Erfolg**: Ist sie unzulässig, wird sie verworfen; ist sie unbegründet, wird sie zurückgewiesen.

- Soweit die **Erinnerung des Schuldners/Dritten begründet** ist, lautet der Hauptausspruch: "Die ... (genau bezeichnete Vollstreckungsmaßnahme) ... wird für unzulässig erklärt."

Der GV kann zur Klarstellung angewiesen werden, die Pfändung aufzuheben. Soll dagegen der Erinnerung des Schuldners/Dritten gegen eine Pfändung durch das Vollstreckungsgericht stattgegeben werden, wird die Pfändung sogleich auch aufgehoben. Grund: In diesem Fall ist das Vollstreckungsgericht auch Vollstreckungsorgan und als solches selbst für die Aufhebung zuständig.

Wegen des drohenden Rechtsverlusts des Gläubigers (Rangverlust des Pfändungspfandrechts) sollte die Vollziehung der Entscheidung bis zum Ablauf der Beschwerdefrist oder bis zu einer anderweitigen Entscheidung des Beschwerdegerichts analog § 570 II ausgesetzt werden.

- Ist die **Erinnerung des Gläubigers begründet**, muss in dem Tenor zum Ausdruck kommen, dass das Gericht i.d.R. nicht in vollem Umfang überprüfen kann, ob die ZV zulässig ist. Diese ist ja noch gar nicht durchgeführt worden. Das Gericht kann lediglich prüfen, ob der Ablehnungsgrund verfahrensfehlerhaft ist. Der Hauptausspruch muss daher lauten: "Auf die Erinnerung des Gläubigers wird der GV angewiesen, die Vollstreckung ... (in den genau bezeichneten Gegenstand) ... nicht aus dem Grunde abzulehnen, dieser sei ... (z.B. gem. § 811 Nr. 2) ... unpfändbar."

- Bei einem **Teilerfolg** ist die Erinnerung im Übrigen zurückzuweisen.

b) **Kostenentscheidung**: Gerichtliche Kosten fallen mangels Regelung im GKG nicht an (vgl. § 1 GKG). Die Entscheidung über die außergerichtlichen Kosten richtet sich nach den §§ 91 ff. Die Kostenentscheidung lautet daher z.B.: "Die Entscheidung ergeht gerichtsgebührenfrei. Die außergerichtlichen Kosten des Verfahrens trägt der Gläubiger/Schuldner/Erinnerungsführer."

c) Eine Entscheidung über die **vorläufige Vollstreckbarkeit** hat wegen § 794 I Nr. 3 zu unterbleiben.

IV. Rechtsmittel: Die Erinnerungsentscheidung ist mit der sofortigen Beschwerde angreifbar (§ 793).

E. Die sofortige Beschwerde (§ 793)

Die sofortige Beschwerde richtet sich gegen **Entscheidungen**, die im ZV-Verfahren ohne mündliche Verhandlung ergehen können. Sie ist kein besonderes Rechtsmittel der ZV. Es gelten vielmehr die allg. Vorschriften der §§ 567 ff. (vgl. ZPO I 15. Kap. C).

I. Zulässigkeit

Neben den allgemeinen Grundsätzen (ZPO I 15. Kap. C I) gelten folgende Besonderheiten:

1. Statthaftigkeit: Sie ist statthaft

- gegen **Entscheidungen** des Vollstreckungsgerichts (d.h. des Richters bzw. über 11 I RpflG des Rechtspflegers) oder des Prozessgerichts (vgl. §§ 887 ff.),

  Gegen Maßnahmen ist die Vollstreckungserinnerung (§ 766) der richtige Rechtsbehelf. Eine Entscheidung setzt in Abgrenzung zu einer Maßnahme eine Abwägung der widerstreitenden Interessen voraus. Eine derartige Abwägung und damit eine Entscheidung liegt i.d.R. vor, wenn in dem Beschluss

  - eine Vollstreckungsmaßnahme nach Anhörung des Betroffenen angeordnet wird oder
  - eine Vollstreckungsmaßnahme (auch ohne Anhörung) abgelehnt bzw. aufgehoben wird.

  Wird dagegen in dem Beschluss eine Vollstreckungsmaßnahme ohne Anhörung des Betroffenen angeordnet, hat eine Interessenabwägung nicht stattgefunden, mit der Folge, dass eine Maßnahme des Vollstreckungsgerichts vorliegt (Faustregel! Wichtige Ausnahme ist nach h.M. die Durchsuchungsanordnung gem. § 758 a, da wegen des Eingriffs in Art. 13 I GG immer über die Verhältnismäßigkeit der Anordnung und damit über die Interessen des Betroffenen zu entscheiden sei. Es liegt daher auch ohne vorherige Anhörung ausnahmsweise eine Entscheidung vor).

  Die soeben dargestellten Abgrenzungskriterien haben zur Folge, dass bei mehreren Betroffenen verschiedene Rechtsbehelfe eingreifen können.

  Bsp.: *Vor Erlass des PfüB hört der Rechtspfleger den Schuldner, nicht aber den Drittschuldner an.*

  In dem Bsp. kann nach h.M. der angehörte Schuldner die sofortige Beschwerde (§§ 11 I RpflG, 793) und der nicht angehörte Drittschuldner die Vollstreckungserinnerung (§ 766) einlegen (Zöller § 766 Rn. 2; KG OLGZ 86, 356). Dem hält eine a.A. entgegen, es könne nicht zwei verschiedene Rechtsbehelfe gegen einen Beschluss geben, so dass auch dem Drittschuldner die sofortige Beschwerde zustehe (Lackmann Rn. 308; Thomas/Putzo § 829 Rn. 55 mwN).

- die **im ZV-Verfahren** (also z.B. nicht im Klauselerteilungsverfahren)
- **ohne mündliche Verhandlung** (fakultativ) ergehen können (daher niemals sofortige Beschwerde gegen Urteile!)
- **und** die **Zulässigkeit der sofortigen Beschwerde nicht ausdrücklich ausgeschlossen** ist (vgl. z.B. §§ 707 II S. 2, 719 I S. 1).

Hauptanwendungsfälle: Sofortige Beschwerde gegen die Erinnerungsentscheidung nach § 766, gegen einen PfüB nach Anhörung des Betroffenen oder gegen die Anordnung des Richters zur Durchsuchung (§ 758 a).

2. Zuständigkeit. Nach § 572 I befasst sich zunächst das Gericht, dessen Entscheidung angefochten worden ist, mit der Beschwerde. Bei Nichtabhilfe erfolgt eine Überprüfung durch das nächsthöhere Beschwerdegericht.

3. Form und Frist: schriftlich (§ 569 II) oder zu Protokoll der Geschäftsstelle (§ 569 III) in einer Notfrist von 2 Wochen (569 I).

4. Beschwerdebefugnis: wie bei § 766 (s.o. D I 4).

5. Rechtsschutzbedürfnis: vom Beginn bis zur Beendigung der gesamten ZV.

II. Begründetheit

Die sofortige Beschwerde ist begründet, wenn die Entscheidung fehlerhaft ist.

Für den Hauptanwendungsfall der sofortigen Beschwerde gegen die Erinnerungsentscheidung nach § 766 heißt das, dass im Rahmen der Begründetheit die Zulässigkeit und Begründetheit der Vollstreckungserinnerung nach oben aufgezeigtem Muster (s.o. D) zu prüfen ist.

F. Beschwerde nach § 71 GBO

Als spezieller Rechtsbehelf verdrängt die Beschwerde nach § 71 GBO die sofortige Beschwerde, wenn das Grundbuchamt als Vollstreckungsorgan eine Zwangshypothek einträgt oder die Eintragung ablehnt (vgl. § 867). Das Verfahren richtet sich nach den §§ 72 ff. GBO (lesen!). Ansonsten gilt im Rahmen der Zulässigkeits- und Begründetheitsprüfung das zu § 793 Gesagte entsprechend.

G. Die Rechtspflegererinnerung (§ 11 II RpflG)

Seit der Novelle des Rechtspflegergesetzes aus dem Jahre 1998 gibt es gem. § 11 II RpflG nur noch in Ausnahmefällen den besonderen Rechtsbehelf der Erinnerung gegen Entscheidungen des Rechtspflegers, wenn nach den allgemeinen Vorschriften ein Rechtsmittel nicht gegeben ist (z.B. bei Gewährung von Verwertungsaufschub nach § 813 b, vgl. Thomas Putzo § 813 b Rn. 12). Die Rechtspflegererinnerung ist also streng subsidiär ggü. der sofortigen Beschwerde (§§ 11 I RpflG, 793).

Wiederholungsfragen zum 11. Kapitel

1. S behauptet im Prozess, die Klageforderung erfüllt zu haben. Er kann dies aber nicht beweisen. Das LG verurteilt ihn deshalb zur Zahlung. Nach Eintritt der Rechtskraft findet S jedoch eine Quittung, die die Zahlung belegt. Was kann S unternehmen?	Die Klage nach § 767 verspricht keine Aussicht auf Erfolg, weil die Einwendung der Erfüllung gem. § 767 II – trotz der neu aufgefundenen Beweismittel – präkludiert ist. Denn objektiv entstanden ist sie bereits vor der letzten mündlichen Verhandlung. Darauf, dass der S sie ohne sein Verschulden nicht vorbringen konnte, kommt es nicht an. S kann aber die Restitutionsklage nach § 580 Nr. 7 b erheben.
2. S ist durch Urteil des LG Flensburg vom 3.02.2002 – Az. 3 O 23/01 – zur Zahlung von 12.000 € nebst 11 % Zinsen seit dem 4.03.2000 verurteilt worden. Da er am 7.04.2002 eine Gegenforderung i.H.v. 10.000 € erworben hat, erhebt er Vollstreckungsgegenklage. Wie muss der Antrag lauten?	"Es wird beantragt, die ZV aus dem Urteil des LGs Flensburg vom 3.02.2002 – 3 O 23/01 - i.H.v. 10.000 € nebst 11 % Zinsen seit dem 7.04.2002 für unzulässig zu erklären." Wichtig: Nicht vergessen zu beantragen, die ZV auch hinsichtlich der Zinsen für unzulässig zu erklären. Andernfalls kann der Gläubiger hinsichtlich des Zinsanspruchs – trotz Obsiegens des S in der Hauptsache – die ZV weiter betreiben (§ 308 I!).
3. Wem muss im Bsp. 2 die Klage zugestellt werden, wenn der Gläubiger mit dem Kläger des Vorprozesses identisch ist?	Dem Prozessbevollmächtigten der ersten Instanz des Gläubigers. Denn die im Vorprozess erteilte Vollmacht (§ 78 I!) gilt auch für die Vollstreckungsgegenklage (§§ 81, 172 I).
4. Nachdem S sowohl von dem LG als auch OLG zur Zahlung verurteilt wurde, legt er erfolglos Revision ein. Er möchte nun Klage nach § 767 erheben. Welches Gericht ist sachlich zuständig?	Ausschließlich das LG, da es das Prozessgericht des ersten Rechtszuges war (§§ 767 I, 802; zum Instanzenzug s. Schaubild Nr. 1 im Anhang zu ZPO I).
5. G vollstreckt aus einer vollstreckbaren Urkunde gegen S. Kann S mit der Vollstreckungsgegenklage einwenden, der titulierte Anspruch sei gem. § 134 BGB nichtig?	Rechtshindernde Einwendungen sind grds. gem. § 767 II präkludiert. Da die Beschränkung des § 767 II jedoch Ausfluss der Rechtskraft ist, gilt sie nicht für Titel, die – wie z.B. vollstreckbare Urkunden (§§ 794 I Nr. 5, 797 IV) – nicht rechtskraftfähig sind. S kann daher vorliegend die Einwendung des § 134 BGB mit der Klage nach § 767 geltend machen.
6. V verkauft K einen Fernseher unter Eigentumsvorbehalt. Als das Gerät kaputt geht, gibt K es bei V in Reparatur. Ein Gl. des V nutzt die Gelegenheit u. vollstreckt in das Gerät. Kann K mit Erfolg Klage nach § 771 erheben?	Ja, unter Berufung auf sein Anwartschaftsrecht. Dem steht nicht etwa die Regelung des § 161 I S. 2 BGB entgegen, wonach Verfügungen im Wege der ZV dem Anwartschaftsberechtigten nicht schaden. Denn § 161 I S. 2 BGB betrifft nur rechtsgeschäftliche Verfügungen im Wege der ZV. Der Ersteher erwirbt in der Versteigerung aber kraft Hoheitsakt Eigentum. Um diesen drohenden Rechtsverlust verhindern zu können, muss dem Anwartschaftsberechtigten die Klage nach § 771 zur Verfügung stehen (h.M.).

7. D übereignet S einen Pkw zur Sicherheit. Dieser wird S auch ausgehändigt. Kann D mit Erfolg Klage nach § 771 erheben, wenn ein Gl. des S in den Pkw vollstreckt?

Vollstreckt – so wie hier – ein Gl. des Sicherungsnehmers (SN) in den Sicherungsgegenstand, so hat der Sicherungsgeber (SG) bis zum Ztpkt. der Verwertungsreife ein Interventionsrecht. Denn das Sicherungsgut dient nur der Sicherung der Forderung des SN gegen den SG u. nicht zur Befriedigung der Gl. des SN. Das Sicherungsgut gehört daher bis zu dem Zeitpunkt, in dem der SN die Sache verwerten darf, wirtschaftlich zum Vermögen des SG. D kann also mit Erfolg nach § 771 klagen.

8. D hat von S einen Pkw gekauft. Noch bevor ihm der Pkw übereignet wird, vollstreckt ein Gläubiger des S in den Pkw. Kann D mit Erfolg nach § 771 klagen?

Nein, der Anspruch aus § 433 I S. 1 BGB ist lediglich ein Eigentumsverschaffungsanspruch. Der Vollstreckungsgegenstand gehört daher noch zum Vermögen des S. Folglich steht D auch kein Interventionsrecht zu.

9. Wie wäre es, wenn D dem S einen Pkw geliehen hätte u. ein Gl. des S während der Leihzeit in den Pkw vollstreckt?

Dann hätte D ein Interventionsrecht, da die verliehene Sache zu seinem Vermögen zählt.

10. Die sof. Beschwerde u. die Vollstreckungserinnerung schließen sich gegenseitig aus. Wie grenzt man die beiden Rechtsbehelfe voneinander ab?

Während sich die sof. Beschwerde (§ 793) gegen **Entscheidungen** des Vollstreckungs- o. Prozessgericht richtet, ist die Erinnerung (§ 766) gegen **Vollstreckungsmaßnahmen** gegeben.

11. Wie unterscheiden sich Maßnahmen und Entscheidungen?

Eine Entsch. setzt in Abgrenzung zu einer Maßnahme eine Abwägung der widerstreitenden Interessen voraus. I.d.R. hat eine solche Abwägung stattgefunden, wenn der Betroffene zuvor angehört oder eine Vollstreckungsmaßn. abgelehnt/aufgehoben worden ist.

12. Der GV pfändet eine Stereoanlage bei dem Schuldner (S), obwohl ihm eine gerichtliche Entscheidung vorgelegt wird, wonach die ZV aus dem VU nach §§ 719 I, 707 vorläufig eingestellt worden ist. S legt Erinnerung ein. Noch bevor über die Erinnerung entschieden worden ist, ergeht in dem Rechtsstreit des Gläubigers (G) gegen S ein das VU bestätigendes Urteil (§ 343 S. 1). Ist die Erinnerung begründet?

Die Erinnerung könnte begründet sein, da im Ztpkt. der Pfändung ein Verstoß gegen § 775 Nr. 2 vorliegt. Nach § 775 Nr. 2 ist die ZV u.a. dann einzustellen, wenn dem Vollstreckungsorgan ein Einstellungsbeschluss nach §§ 719 I, 707 vorgelegt wird (Vollstreckungshindernis!). Der Mangel ist allerdings nachträglich mit dem das VU bestätigenden Urteil geheilt worden, da hierdurch der Beschluss über die vorl. Einstellung der ZV von selbst außer Kraft getreten ist. Somit ist aber auch die Erinnerung unbegründet. Denn zu ihrer Begründetheit kommt es auf die Verhältnisse im Ztpkt. der Entscheidung, d.h. auf den Ztpkt. der Beschlussfassung an (Ausnahme: Eine gepfändete Sache wird nachträglich gem. § 811 I unpfändbar).

12. Kapitel

Die ZV wegen Geldforderungen in Geldforderungen (§§ 828 ff.)

Will der Gläubiger wegen eines Zahlungstitels in eine Geldforderung des (Vollstreckungs-) Schuldners gegen dessen Schuldner (dem sog. Drittschuldner) vollstrecken, so erfolgt die Pfändung auf Antrag durch Pfändungsbeschluss (§ 829) und die Verwertung durch Überweisungsbeschluss (§ 835).

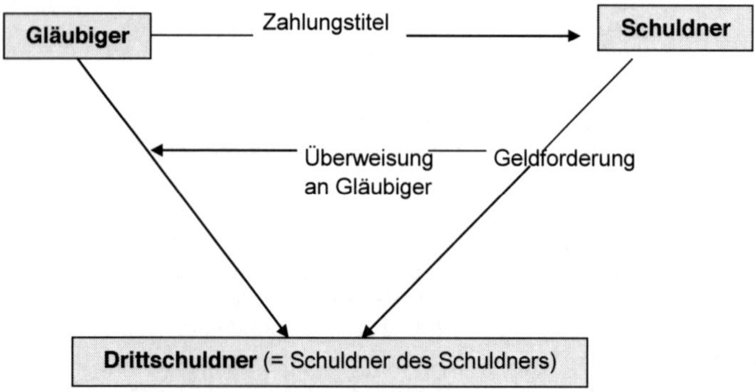

A. Die Pfändung

Geldforderungen werden – wie gesagt – durch sog. Pfändungsbeschluss gepfändet (§ 829), der mit Zustellung an den Drittschuldner wirksam wird (§ 829 III). Sachlich ausschließlich zuständig ist das AG als Vollstreckungsgericht (§§ 828, 802), funktionell handelnd durch den Rechtspfleger (§ 20 Nr. 16 u. 17 RpflG). Örtlich zuständig ist das AG, bei dem der (Vollstreckungs-) Schuldner seinen allgemeinen Gerichtsstand hat (§ 828 II i.V.m. §§ 12 ff.) oder – für den Fall, dass im Innland kein allgemeiner Gerichtsstand existiert - das AG, bei dem nach § 23 gegen den (Vollstreckungs-) Schuldner Klage erhoben werden könnte.

I. Voraussetzung für den Erlass eines Pfändungsbeschlusses ist

- das Vorliegen der ZV-Voraussetzungen (3. – 5. Kap.),
- die Möglichkeit des Bestehens der Forderung,
- sowie die Pfändbarkeit der Forderung (§§ 850 ff.).

1. Das Vorliegen der Zwangsvollstreckungsvoraussetzungen

Für die ZV in Geldforderungen ergeben sich folgende Besonderheiten:

Im Unterschied zur Fahrnisvollstreckung genügt kein Generalauftrag. Die **zu pfändende Forderung muss im Antrag** vielmehr **hinreichend bestimmt sein**. Das ist der Fall, wenn aus dem Antrag (mittels Formular) hervorgeht, wer Gläubiger der zu pfändenden Forderung ist (= Vollstreckungsschuldner), wer Schuldner der zu pfändenden Forderung ist (= Drittschuldner) und aus welchem Schuldgrund die Forderung herrührt.

2. Möglichkeit des Bestehens der zu pfändenden Forderung

Der (Vollstreckungs-) Schuldner ist vor der Entscheidung des Vollstreckungsgerichts grds. nicht anzuhören (§ 834). Der Drittschuldner ist nie anzuhören (Grund: Verhinderung der Vollstreckungsvereitelung). Nach Feststellung der ZV-Voraussetzungen prüft das Vollstreckungsgericht lediglich, ob die zu pfändende Forderung überhaupt (nach dem Vorbringen des Gläubigers) bestehen kann. Es prüft nicht, ob die Forderung tatsächlich besteht; gepfändet wird nur die angebliche Forderung. Nur wenn bereits nach dem Vorbringen des Gläubigers feststeht, dass die behauptete Forderung nicht bzw. nicht in der Person des (Vollstreckungs-) Schuldners besteht, weist das Vollstreckungsgericht den Antrag des Gläubigers mangels Rechtsschutzbedürfnis zurück. Stellt sich erst später heraus, dass die Forderung nicht oder nicht in der Person des (Vollstreckungs-) Schuldners besteht, so ist die Pfändung im Unterschied zur Sachpfändung wirkungslos ("Schlag ins Leere"!).

Bsp.: *G will eine angebliche (Geld-) Forderung des S gegen DS pfänden und beantragt daher bei dem zuständigen AG den Erlass eines entsprechenden Pfändungsbeschlusses. S hat die Forderung aber bereits an Z abgetreten. Wie ist mit dem Antrag des G zu verfahren?*

Ergibt sich bereits aus dem Antrag des G, dass S die Forderung abgetreten hat, so ist der Antrag mangels Rechtsschutzbedürfnis zurückzuweisen. Andernfalls erlässt das Vollstreckungsgericht zwar den Pfändungsbeschluss, er ist jedoch wirkungslos, da S im Ztpkt. der Zustellung des Beschlusses an DS (vgl. § 829 III) nicht mehr Forderungsinhaber war.

Eine "ins Leere" gehende Forderungspfändung wird auch nicht analog § 185 II BGB wirksam, wenn der (Vollstreckungs-) Schuldner die im Ztpkt. der Zustellung des Pfändungsbeschlusses an den Drittschuldner (vgl. § 829 III) abgetretene Forderung von dem Zessionar zurückabgetreten erhält. Der Gläubiger muss also die Forderung seines Schuldners nach erfolgter Rückabtretung "erneut" pfänden (h.M.: BGH 56, 339 350 f.).

3. Die Pfändbarkeit der angeblichen Forderung (§§ 850 ff.)

Schließlich prüft das Vollstreckungsgericht, ob ein Pfändungsverbot besteht. Ist dies der Fall, wird der Antrag des Gläubigers mangels Rechtsschutzbedürfnisses abgewiesen.

a) Im Grundsatz sind alle (Geld-) Forderungen pfändbar, also auch bedingte, befristete (arg. § 844) und zukünftige Forderungen. Zukünftige jedoch nur wenn zur Zeit der Pfändung zwischen dem Vollstreckungs- und Drittschuldner ein Rechtsverhältnis besteht, aus dem hinreichend bestimmbare Forderungen zur Entstehung gelangen können.

> ***Bsp.:*** *Forderung aus einer Lebensversicherung, künftige Altersrente eines berufstätigen Schuldners (vgl. OLG Celle InVo 99, 329), jedoch nicht ein künftiger Steuererstattungsanspruch (§ 46 VI AO).*

Bloß erhoffte Forderungen, für die im Ztpkt. der Pfändung noch kein Rechtsverhältnis besteht (z.B. mögliche Darlehensgewährung), können dagegen nicht gepfändet werden.

b) Auch bei der Forderungspfändung gelten die allgemeinen Pfändungsverbote des § 803 I S. 2 u. II. Es ist jedoch umstritten, ob das **Verbot der Überpfändung nach § 803 I S. 2** dazu führt, dass eine über die titulierte Forderung hinausgehende Forderung nur in Höhe der titulierten Forderung nebst Zinsen und Kosten der ZV gepfändet werden kann. Zum Teil wird eine solche Teilpfändung bejaht, um eine "Blockierung" ggü. anderen Gläubigern zu vermeiden (Jauernig § 18 V 4). Nach h.M. erfasst die Pfändung die Forderung in vollem Umfang (Theorie der Vollpfändung). Grund: Der Gläubiger müsse für den Fall einer etwaigen Insolvenz des Schuldners gerüstet sein (Behr JurBüro 97, 397; BGH NJW 01, 2178). Eine Einziehung ist aber nur, soweit sie zur Befriedigung erforderlich ist, möglich (§ 804 II i.V.m. § 1282 I S. 2 BGB).

c) **Spezielle Pfändungsverbote** für Geldforderungen:

- **Arbeitseinkommen** des Schuldners ist aus sozialpolitischen Gründen nur insoweit pfändbar, als dass es bestimmte, von Unterhaltspflichten abhängige Freibeträge übersteigt **(§§ 850-850 h)**, entsprechendes gilt bei sonstigen Einkünften (§ 850 i). Die Pfändungsbeschränkungen der §§ 850-850 i sind vom Vollstreckungsgericht von Amts wegen zu berücksichtigen; ein Verzicht seitens des Schuldners ist (anders als bei §§ 811 ff.) auch nicht nach erfolgter Pfändung möglich.
- **Pfändungsschutzkonto (§ 850 k u. § 850 l).**
- **Nicht übertragbare Forderungen** sind regelmäßig auch unpfändbar **(§ 851 I)**.

> ***Bsp.:*** *Ansprüche der Gesellschafter einer BGB-Gesellschaft untereinander (§ 717 S.1 BGB), Ansprüche auf Leistung von Diensten, sofern die Übertragbarkeit nicht vereinbart worden ist (§ 613 S. 2 BGB) und Ansprüche auf Ausführung von Aufträgen (§ 664 II BGB).*

Beruht jedoch die Unabtretbarkeit der Forderung (nur) auf einem Vertrag zwischen Gläubiger und Schuldner (§ 399 2. Alt. BGB), so ist die Forderung insoweit pfändbar, als der Leistungsgegenstand (d.h. das Geld) der Pfändung unterworfen ist (§ 851 II). Vertragliche Abtretungsverbote gehen also grds. nicht zu Lasten des Gläubigers.

- **Zweckgebundene Forderungen** sind nur im Rahmen ihrer Zweckbindung pfändbar (BGH NJW 00, 1270).

  Bsp.: *Ein "Baudarlehen" ist zweckgebunden; es soll der Errichtung des Bauwerks dienen. Der Anspruch auf Auszahlung des Darlehens ist daher auch nicht abtretbar und nicht pfändbar, es sei denn, das Geld wird hierdurch zur Errichtung des Baus verwendet. Deshalb kann der Anspruch auch einem Bauhandwerker abgetreten und von ihm gepfändet werden; nicht dagegen von einer am Bau nicht beteiligten Person (Brox/Walker Rn. 522 mwN).*
- Pfändungsschutz für Landwirte (§ 851 a), bei Miet- und Pachtzinsen (§ 851 b), bei Altersrenten (§ 851 c), bei steuerlich gefördertem Altersvorsorgevermögen (§ 851 d), bei Pflichtteilsansprüchen und Ansprüchen des Schenkers (§ 852).
- Der Pfändungsschutz für **Sozialleistungen** (wie z.B. Wohngeld) ist in §§ 53, 54 SGB I ausgestaltet.

II. Inhalt des Pfändungsbeschlusses

Liegen die oben genannten Voraussetzungen vor, so erlässt das Vollstreckungsgericht den begehrten Pfändungsbeschluss, der folgenden Inhalt hat (§ 829 I):

- Ausspruch der Pfändung der konkret bezeichneten angeblichen Forderung und der Beteiligten,
- das an den Drittschuldner gerichtete Verbot, an den (Vollstreckungs-) Schuldner zu zahlen (§ 829 I S. 1, sog. arrestatorium),
- das an den (Vollstreckungs-) Schuldner gerichtete Gebot, sich jeder Verfügung über die Forderung, insbesondere ihrer Einziehung, zu enthalten (§ 829 I S. 2, sog. inhibitorium).

III. Rechtswirkungen des Pfändungsbeschlusses

Mit Zustellung an den Drittschuldner wird der Pfändungsbeschluss wirksam (§ 829 III; die Zustellung an den Vollstreckungsschuldner ist hingegen kein Wirksamkeitserfordernis). Die Pfändung der Forderung bewirkt deren Verstrickung und die Entstehung eines Pfändungspfandrechts zugunsten des (Vollstreckungs-) Gläubigers (vgl. näher 8. Kap.).

> **Beachten Sie aber:** Da lediglich die angebliche Forderung gepfändet wird, treten diese Rechtsfolgen nur ein, wenn die Forderung auch tatsächlich (in der Person des Vollstreckungsschuldners) besteht. Andernfalls ist sie ein "Schlag ins Leere". Bei wirksamer Pfändung einer zukünftigen Forderung tritt die Verstrickung und ein Pfändungspfandrecht dementsprechend erst ein, wenn die Forderung zur Entstehung gelangt. Der (Vollstreckungs-) Schuldner kann die künftige Forderung daher nach deren Pfändung und vor deren Entstehung vorausabtreten und damit die Pfändung ins "Leere laufen" lassen.
>
> Eine fehlgeschlagene Forderungspfändung wird auch nicht analog § 185 II BGB wirksam, wenn der (Vollstreckungs-) Schuldner die behauptete Forderung nachträglich erwirbt (s.o. A I 2). Grund: Es fehlt an einem sachbezogenen Publizitätsakt.

1. Die Rechtsstellung des Drittschuldners

Dem Drittschuldner ist es untersagt, an seinen Gläubiger, dem (Vollstreckungs-) Schuldner zu leisten (§ 829 I S. 1, arrestatorium). Verstößt er gegen dieses Verbot, ist seine Verfügung gem. §§ 135, 136 BGB relativ unwirksam. D.h., er wird zwar ggü. dem (Vollstreckungs-) Schuldner gem. § 362 I BGB frei, nicht jedoch ggü. dem (Vollstreckungs-) Gläubiger. Etwas anderes gilt analog §§ 1275, 407 BGB nur, wenn er nachweislich in Unkenntnis der Pfändung an den (Vollstreckungs-) Schuldner gezahlt hat (was bei Ersatzzustellung des Pfändungsbeschlusses vorkommen kann). Eine Aufrechnung bleibt unter den Voraussetzungen des § 392 BGB möglich.

Dem Gläubiger ggü. ist der Drittschuldner nach Maßgabe des § 840 auskunftspflichtig. Bei Nichterfüllung macht er sich schadensersatzpflichtig (§ 840 II S. 2; siehe vertiefend Foerste NJW 99, 904 ff.).

2. Die Rechtsstellung des (Vollstreckungs-) Schuldners

Der (Vollstreckungs-) Schuldner bleibt zwar Rechtsinhaber der gepfändeten Forderung. Für ihn entsteht jedoch ein relatives Veräußerungsverbot (sog. inhibitorium, § 829 I S. 2), d.h., verbotswidrige Verfügungen sind im Verhältnis zum (Vollstreckungs-) Gläubiger unwirksam (§§ 135 I, 136 BGB).

Merken Sie sich: Maßnahmen, die das Recht des (Vollstreckungs-) Gläubigers nicht beeinträchtigen, darf der (Vollstreckungs-) Schuldner aber vornehmen (z.B. auf Leistung an den Gläubiger klagen).

B. Die Verwertung

Grds. erfolgt die Verwertung einer Geldforderung durch sog. Überweisungsbeschluss (§ 835; Ausnahme: § 844), der mit Zustellung an den Drittschuldner wirksam wird (§ 835 III). In der Praxis wird der Überweisungsbeschluss i.d.R. zusammen mit dem Pfändungsbeschluss (in einem Formular) beantragt und erlassen (= Pfändungs- und Überweisungsbeschluss).

Dies ist jedoch keineswegs zwingend; z.B. ist bei der ZV in indossable Papiere nur ein Überweisungsbeschluss möglich, da die Pfändung hier durch Wegnahme seitens des GV (und lediglich die Verwertung durch Überweisung) erfolgt (§ 831, s. näher unten C I).

Mit dem Überweisungsbeschluss wird dem (Vollstreckungs-) Gläubiger die Forderung wahlweise

- zur Einziehung (§§ 835 I 1. Alt., 836) oder
- an Zahlungs Statt zum Nennwert (§ 835 I 2. Alt., II)

überwiesen.

Die Überweisung an Zahlungs Statt kommt in der Praxis so gut wie nie vor. Denn sie hat zur Folge, dass der (Vollstreckungs-) Gläubiger als befriedigt anzusehen ist, soweit die Forderung tatsächlich besteht (§ 835 II = § 364 I BGB). D.h., der Gläubiger trägt das Beitreibungsrisiko. Gegen den (Vollstreckungs-) Schuldner kann er nicht mehr vorgehen.

Die Überweisung zur Einziehung hat dagegen die Wirkung einer Leistung erfüllungshalber. Erst bei Zahlung seitens des Drittschuldners tritt Befriedigung ein (und zwar auch, wenn der Überweisungsbeschluss zu Unrecht erlassen worden ist, vgl. § 836 II). Kann der (Vollstreckungs-) Gläubiger die Forderung gegen den Drittschuldner nicht durchsetzen, bleibt ihm immer noch die Forderung gegen den (Vollstreckungs-) Schuldner. Die Überweisung zur Einziehung ist daher in der Praxis der Regelfall.

Der Überweisungsbeschluss ist jedoch kein Vollstreckungstitel gegen den Drittschuldner. Der (Vollstreckungs-) Gläubiger muss daher auf Leistung klagen (vgl. § 842), wenn der Drittschuldner nicht freiwillig zahlt. Da der (Vollstreckungs-) Schuldner Forderungsinhaber bleibt und der (Vollstreckungs-) Gläubiger lediglich kraft Gesetzes zur Einziehung berechtigt ist, klagt er ein fremdes Recht im eigenen Namen ein (§ 836 I: Fall der gesetzlichen Prozessstandschaft; nach a.A. macht der Gläubiger ein eigenes Recht – sein Einziehungsrecht - geltend).

I. Die Rechtsstellung des Drittschuldners bei Überweisung zur Einziehung

1. Der **Drittschuldner darf nur noch an den (Vollstreckungs-) Gläubiger leisten**. Leistung an den (Vollstreckungs-) Schuldner befreit ihn analog § 407 BGB nur bei Unkenntnis des Überweisungsbeschlusses (s. bereits oben A III 1).

2. **Materielle Einwendungen**, die dem Drittschuldner aus seiner Rechtsbeziehung **zum (Vollstreckungs-) Gläubiger** entstanden sind, können dem (Vollstreckungs-) Gläubiger im Einziehungsprozess uneingeschränkt entgegenhalten werden (so kann er z.B. mit einer eigenen Forderung gegen den Vollstreckungsgläubiger aufrechnen).

3. **Materielle Einwendungen**, die aus der Rechtsbeziehung **zum (Vollstreckungs-) Schuldner** stammen, sind nur analog §§ 404 ff., 412 BGB gegen den (Vollstreckungs-) Gläubiger möglich

> ***Bsp.:*** *Der Drittschuldner kann mit Forderungen gegen den Vollstreckungsschuldner nur unter den Voraussetzungen des § 406 BGB gegen die zur Einziehung überwiesene Forderung aufrechnen.*

4. **Verfahrensrechtliche Einwendungen** sind ebenfalls nur begrenzt zulässig:

- Der Drittschuldner kann unproblematisch die Nichtigkeit des (Pfändungs- und) Überweisungsbeschlusses in dem Einziehungsprozess geltend machen (z.B. kann er einwenden, der Pfändungs- und Überweisungsbeschluss sei ihm entgegen §§ 829 III, 835 III nicht wirksam zugestellt worden oder es fehle an einem Titel). Damit stellt er die Sachlegitimation des (Vollstreckungs-) Gläubigers in Abrede (nach a.A. die Prozessführungsbefugnis).

- Verfahrensmängel, die lediglich die Anfechtbarkeit des (Pfändungs- und) Überweisungsbeschlusses begründen (z.B. fehlende Zustellung an den Vollstreckungsschuldner nach § 829 II oder Verstoß gegen ein Pfändungsverbot nach §§ 850 ff.), können jedoch nicht im Einziehungsprozess geltend gemacht werden. Das Prozessgericht muss vielmehr – um divergierende Entscheidungen zu vermeiden – solange von der Rechtmäßigkeit des (Pfändungs- und) Überweisungsbeschlusses ausgehen, bis dieser auf die Erinnerung (§ 766) des Vollstreckungs- oder Drittschuldners hin durch das Vollstreckungsgericht aufgehoben worden ist (h.M.: BGH 69, 144 148).

5. Schließlich ist der **Drittschuldnerschutz des § 836 II** zu beachten: Der Drittschuldner wird durch Leistung an den (Vollstreckungs-) Gläubiger grds. auch dann frei, wenn der (Pfändungs- und) Überweisungsbeschluss anfechtbar ist; nicht jedoch, wenn dieser unwirksam bzw. ein "Schlag ins Leere" ist (BGH NJW 93, 735; nach a.A. findet § 836 II auch bei nichtiger Überweisung Anwendung, vgl. Brox/Walker Rn. 649 mwN). Der (Pfändungs- und) Überweisungsbeschluss gilt so lange als rechtsbeständig, bis er aufgehoben wird und der Drittschuldner hiervon Kenntnis erlangt.

II. Die Rechtsstellung des Vollstreckungsschuldners bei Überweisung zur Einziehung

Der (Vollstreckungs-) Schuldner muss dem Gläubiger Auskunft über die Forderung erteilen und vorhandene Urkunden herausgeben (836 III S. 1). Verweigert er die Herausgabe, kann der (Vollstreckungs-) Gläubiger gem. §§ 836 III S. 3, 883 ff. (nicht gem. § 808!) die Herausgabevollstreckung betreiben (sog. Hilfspfändung). Titel ist dann der Überweisungsbeschluss.

C. Besondere Formen der Forderungspfändung und Verwertung

Hervorzuheben sind:

I. Forderungen, die in Wertpapieren verbrieft sind

Wertpapiere werden ausnahmslos vom GV wie bewegliche Sachen gepfändet (§§ 808, 831). Durch die Pfändung des Papiers wird zugleich ein Pfändungspfandrecht an der verbrieften Forderung begründet. Sie braucht also nicht zusätzlich nach den Regeln der Forderungspfändung beschlagnahmt zu werden. Bei der Verwertung ist zu unterscheiden:

- Die **Verwertung von Forderungen aus indossablen Wertpapieren** (Hauptfälle: Schecks, Wechsel und kaufmännische Orderpapiere) erfolgt durch Überweisungsbeschluss gem. § 835 (nicht § 821!). Der GV liefert das gepfändete Papier an den Gläubiger ab, sobald ihm der Überweisungsbeschluss zugestellt worden ist.

- Forderungen, die in **Inhaberpapieren** verbrieft sind (z.B. Inhaberschuldverschreibungen i.S.v. § 793 BGB, Inhaberaktien und Inhaberschecks), werden dagegen gem. § 821 durch den GV verwertet.

II. Forderungen, die in Legitimationspapieren verbrieft sind

Durch Legitimationspapiere verbriefte Forderungen (Hauptfälle: Sparkassenbücher, Pfand-, Versicherungs- und Depotscheine) werden wie gewöhnliche Forderungen durch Pfändungs- und Überweisungsbeschluss nach §§ 829 ff. gepfändet und verwertet. Denn Legitimationspapiere beweisen nur die Forderung, sind aber nicht selber Träger des Rechts. Da der Drittschuldner (z.B. die Sparkasse) jedoch nur gegen Aushändigung des Legitimationspapieres zur Zahlung verpflichtet ist (vgl. § 808 II S. 1 BGB), benötigt der (Vollstreckungs-) Gläubiger auch das Legitimationspapier (z.B. das Sparkassenbuch). Der (Vollstreckungs-) Schuldner ist zwar zur Herausgabe dieser Urkunde verpflichtet (836 III S. 1), verweigert er jedoch die Herausgabe, muss der (Vollstreckungs-) Gläubiger gem. §§ 836 III S. 3, 883 ff. die Herausgabevollstreckung betreiben (sog. Hilfspfändung). Titel hierfür ist der Überweisungsbeschluss (vgl. bereits oben B II).

III. Hypothekarisch gesicherte Forderungen

1. Da hypothekarisch gesicherte Forderungen gem. § 1153 II BGB nicht ohne die Hypothek übertragen werden können, genügt es nicht, die Forderung gem. §§ 829 ff. zu pfänden. § 830 stellt zusätzliche Anforderungen auf:

- Bei einer **Briefhypothek** ist **zusätzlich die Übergabe des Hypothekenbriefes** an den Gläubiger erforderlich (§ 830 I S. 1).

  Wird der Brief vom Schuldner nicht freiwillig herausgegeben, muss der GV ihm dem Brief im Wege der Hilfspfändung aufgrund des Pfändungsbeschlusses wegnehmen (§§ 830 I S. 2, 883 ff.). Erst wenn der Gläubiger oder der GV (vgl. § 830 I S. 2) unmittelbaren Besitz an dem Brief erlangt, ist die Pfändung wirksam (BGH 127, 146 150 ff.). In Ausnahme zu § 829 III ist also die Zustellung an den Drittschuldner kein Wirksamkeitserfordernis. Dennoch ist eine Zustellung an den Drittschuldner ratsam, weil durch sie gem. § 830 II die Pfändungswirkung auf den Ztpkt. der Zustellung vorverlagert wird, wenn die Pfändung nach § 830 I wirksam nachgeholt wird.

- Bei einer **Buchhypothek** ist **zusätzlich die Eintragung der Pfändung im Grundbuch** erforderlich (§ 830 I S. 3).

  Erst mit Eintragung ist die Pfändung wirksam. Auch hier ist also eine Zustellung an den Drittschuldner entgegen § 829 III nicht erforderlich, aber wegen der Regelung des § 830 II empfehlenswert.

2. Die **Verwertung** erfolgt wie bei gewöhnlichen Geldforderungen durch Überweisungsbeschluss. Es genügt jedoch, wenn dem Gläubiger gem. § 837 I S. 1 der Überweisungsbeschluss übergeben wird. Eine Zustellung an den Drittschuldner ist also entgegen § 835 III nicht nötig. Lediglich bei der Überweisung an Zahlungs Statt aus einer Buchhypothek muss noch die Eintragung der Überweisung im Grundbuch hinzukommen, weil dadurch ein neuer Gläubiger eintritt (§ 837 I S. 2).

> **Merken Sie sich:** Nach Ansicht des BGH ist bei der Pfändung und Verwertung hypothekarisch gesicherter Forderungen ausnahmsweise der gleichzeitige Erlass von Pfändungs- und Überweisungsbeschluss unzulässig, weil die Pfändung vor Übergabe bzw. Eintragung (noch) unwirksam ist und somit auch die Überweisung (BGH 127, 146 154 mwN).

Fall 9 – "Der Einziehungsprozess":

Glotzkowski (G) aus Flensburg hat vor dem LG Münster einen Zahlungstitel gegen Schmächtig (S) über 6.000 € erstritten. Zur Befriedigung seiner titulierten Forderung erwirkt er einen Pfändungs- und Überweisungsbeschluss, in dem eine Forderung des S gegen Dietmar Dreibein (D) i.H.v. 12.000 € gepfändet und ihm – dem G – zur Einziehung überwiesen wird. Da der Postbeamte den D bei der Zustellung des Pfändungs- und Überweisungsbeschlusses nicht antrifft, übergibt er den Beschluss der Mutter des D, die im selben Haus wie D lebt. Ds Mutter – die eine vielbeschäftigte Frau ist – vergisst, den Beschluss an D weiterzugeben. D zahlt daher an S. S wurde der Pfändungs- und Überweisungsbeschluss gar nicht erst zugestellt. Als D Zahlung an G verweigert, erhebt G Klage gegen D auf Zahlung von 6.000 € vor dem LG Lübeck, dem Wohnsitz des D. D wendet in dem Prozess ein, sowohl ihm als auch dem S sei der Pfändung- und Überweisungsbeschluss nicht wirksam zugestellt worden. Zudem läge eine Überpfändung vor. Auch sei die Forderung des G gegen S aufgrund einer zwischenzeitlich unstreitig durch S erfolgten Anfechtung nichtig. Schließlich beruft D sich auf Erfüllung und rechnet hilfsweise mit einer Gegenforderung gegen G auf. Wie wird das Gericht entscheiden?

Lösungsvorschlag

A. Zulässigkeit

1. Das LG Lübeck müsste **zuständig** sein. Für eine Klage des Gläubigers gegen den Drittschuldner ist das Gericht sachlich und örtlich zuständig, bei dem der Schuldner seine Forderung gegen den Drittschuldner nach den allgemeinen Bestimmungen über die Zuständigkeit geltend machen müsste (AG Rendsburg NJW 00, 3653). Das ist hier bei einem Streitwert von mehr als 5.000 € das LG (§§ 23 Nr. 1, 71 I GVG) am Wohnsitz des D, da ein ausschließlicher Gerichtsstand nicht begründet ist (§§ 12, 13). Demzufolge ist das LG Lübeck zuständig.

2. Fraglich ist aber, ob G überhaupt **prozessführungsbefugt** ist. Denn trotz erfolgter Pfändung und Überweisung ist S weiterhin Forderungsinhaber. G macht also ein (behauptetes) fremdes Recht im eigenen Namen geltend. Die Geltendmachung (behaupteter) fremder Rechte bedarf zur Vermeidung von Popularklagen einer besonderen Rechtfertigung. Diese Rechtfertigung folgt vorliegend aus §§ 835 I 2. Alt., 836 I. Nach den genannten Vorschriften ist der Gläubiger kraft Gesetzes zur Einziehung der fremden Forderung im eigenen Namen berechtigt. Hierzu gehört auch das Recht, die Forderung einzuklagen. G klagt also in gesetzlicher Prozessstandschaft (nach a.A. macht der Gläubiger ein eigenes Recht und zwar sein Einziehungsrecht geltend).

Zwischenergebnis: Die Klage ist zulässig.

II. Begründetheit

Die Klage des G gegen D ist begründet, wenn die gepfändete Forderung des S gegen D entstanden ist, eine wirksame Pfändung und Überweisung dieser Forderung vorliegt und die Forderung nicht wieder erloschen ist.

1. Anhaltspunkte dafür, dass die **Forderung** des **S gegen D** nicht **wirksam entstanden** ist, gibt der Sachverhalt nicht. Der Einwand des D, die Forderung, wegen der der G vollstreckt, bestehe aufgrund erfolgter Anfechtung gem. § 142 I BGB nicht, ist unerheblich. Insoweit bleibt es allein dem S vorbehalten, gegen den Titel nach § 767 vorzugehen.

2. Die Forderung müsste weiter **wirksam gepfändet und** dem **G zur Einziehung überwiesen** worden sein.

Der Pfändungs- und Überweisungsbeschluss ist dem D als Drittschuldner wirksam im Wege der Ersatzzustellung gem. § 178 I Nr. 1 zugestellt worden. Mit dieser Zustellung wurde die Pfändung und Überweisung der Forderung des S gegen D nach den §§ 829 III, 835 III wirksam. Die fehlende Zustellung an den Schuldner S ist in diesem Zusammenhang unerheblich, sie ist kein Wirksamkeitserfordernis (vgl. §§ 835 III, 829 II). Der beklagte Drittschuldner kann im Einziehungsprozess nur solche verfahrensrechtlichen Einwände geltend machen, die zur Nichtigkeit des Pfändungs- und Überweisungsbeschlusses führen.

Die Prüfung verfahrensrechtlicher Mängel, die lediglich die Anfechtbarkeit des Pfändungs- und Überweisungsbeschlusses begründen, muss hingegen zur Vermeidung divergierender Entscheidungen dem Vollstreckungsgericht im Erinnerungsverfahren nach § 766 I vorbehalten bleiben (Brox/Walker Rn. 653 mwN). D kann sich daher nicht im Einziehungsprozess auf einen Verstoß gegen § 829 II berufen. Gleiches gilt für den Einwand der Überpfändung nach § 803 I S. 2. Es bedarf daher vorliegend keiner Entscheidung, ob die Forderung des S gegen D nur i.H. der titulierten Forderung nebst Zinsen und Kosten der ZV hätte gepfändet werden dürfen (sog. Theorie der Teilpfändung).

3. Die **Forderung des S gegen D** könnte jedoch durch Erfüllung **erloschen** sein. Mit Zustellung des Pfändungs- und Überweisungsbeschlusses an den Drittschuldner ist es dem Drittschuldner untersagt, an seinen Gläubiger – den Schuldner – zu leisten (§ 829 I S. 1, sog. arrestatorium). Verstößt er gegen dieses Verbot, so ist seine Verfügung gem. §§ 135, 136 BGB relativ unwirksam. D.h., er wird zwar ggü. dem Schuldner gem. § 362 I BGB frei, nicht jedoch ggü. dem Gläubiger. Dem D war es also untersagt, an S zu zahlen, so dass ihn seine Leistung an S nicht von seiner Zahlungsverbindlichkeit ggü. G berfreit haben kann.

Etwas anderes kann sich nur in Analogie zu §§ 1275, 407 I BGB ergeben, wenn er nachweislich in Unkenntnis der Pfändung und Überweisung an S gezahlt hat. Das ist hier der Fall: D hat in Unkenntnis der Ersatzzustellung an S gezahlt. G muss die Leistung an S daher gegen sich analog § 407 I BGB gelten lassen. Folglich ist die Forderung auch untergegangen.

Ergebnis: Die (Zahlungs-) Klage ist unbegründet. Auf die hilfsweise Aufrechnung kommt es mithin nicht mehr an.

> **Anmerkung:** Hätte D eine verbindliche Entscheidung über seine zur Aufrechnung gestellten Gegenforderung herbeiführen wollen, hätte er diese hilfsweise (für den Fall, dass über die Hilfsaufrechnung nicht entschieden wird) widerklagend geltend machen müssen.

13. Kapitel

Die ZV wegen Geldforderungen in Herausgabe- und Leistungsansprüche (§§ 846-849)

Die ZV in einen (dinglichen oder obligatorischen) Anspruch des (Vollstreckungs-) Schuldners auf Herausgabe (= Besitzübertragung) oder Leistung (= Übereignung) einer körperlichen Sache gegen einen Drittschuldner erfolgt gem. § 846 nach den §§ 829-845 unter Berücksichtigung der besonderen Vorschriften der §§ 847-849.

I. Die Pfändung

Die Pfändung erfolgt durch Pfändungsbeschluss (§§ 846, 829); in ihm wird zusätzlich

- bei beweglichen Sachen angeordnet, dass die Sache an einen vom Gläubiger zu beauftragenden GV herauszugeben ist (§ 847 I).

> **Beachten Sie**, dass die §§ 811 ff. analog gelten: Ist die herauszugebende Sache unpfändbar, so ist es auch der Anspruch auf Herausgabe, weil der Gläubiger die unpfändbare Sache ohnehin nicht verwerten dürfte (sog**. Vorwirkung der Pfändungsverbote aus §§ 811 ff.**).

- bei unbeweglichen Sachen angeordnet, dass die Sache an einen Sequester herauszugeben ist (§ 848 I).

1. Gibt der Drittschuldner die Sache nicht freiwillig heraus, so darf sie der GV (bzw. Sequester) nicht einfach wegnehmen. Vielmehr muss der Gläubiger sich die Sache zur Einziehung überweisen lassen (vgl. §§ 849, 835 I 1. Alt.) und auf Herausgabe an den GV (bzw. Sequester) aus eigenem (Einziehungs-) Recht klagen (h.M., nach a.A. in gesetzl. Prozessstandschaft; vgl. bereits 12. Kap. B: sog. Einziehungsprozess). Die Vollstreckung des im Einziehungsprozess erstrittenen (Herausgabe-) Titels erfolgt nach §§ 883 ff. (s. hierzu 16. Kap.).

Dies kann sich für den Gläubiger als ein "steiniger" Weg erweisen. Folgendes "Horrorszenario" als Bsp. zur Verdeutlichung: Kläglich (K) klagt auf Zahlung gegen Boshaft (B) und obsiegt nach langem Prozess. Er "beauftragt" nunmehr den GV Grimmig (G) mit der ZV, da B nicht freiwillig zahlt. Der einzige pfändbare Vermögenswert, den G bei B ausmachen kann, ist eine komplette Playboy-Sammlung. Diese hat B aber an den guten Dieter Schlumpf (DS) ausgeliehen und DS denkt gar nicht daran, die Hefte an G herauszugeben. G zieht daher von dannen (§ 809!). K lässt daraufhin den Anspruch der B gegen DS aus § 604 BGB auf Herausgabe der Hefte pfänden (§§ 846, 829) und sich zur Einziehung überweisen (§§ 849, 835 I 1. Alt.). DS will aber noch immer nicht die ihm so ans Herz gewachsene Sammlung hergeben. Dem K bleibt daher nichts anderes übrig, als auf Herausgabe an den GV zu klagen. Nach langem Prozess obsiegt er letztendlich. Dennoch verweigert DS die Herausgabe. Der völlig entnervte K muss daher den erstrittenen Herausgabetitel gem. §§ 883 ff. vollstrecken (Problem: Die Hefte sind inzwischen völlig zerknittert und praktisch wertlos.).

2. **Rechtswirkungen der Pfändung:** Mit Erlass des Pfändungsbeschlusses wird der Herausgabe- (bzw. Leistungs-) Anspruch verstrickt und es entsteht ein Pfändungspfandrecht zu Gunsten des Gläubigers an dem Anspruch. Bei Herausgabe der Sache durch den Drittschuldner setzt sich das Pfändungspfandrecht im Wege der dinglichen Surrogation an der Sache fort (§ 804 II i.V.m. § 1287 S. 1 BGB); im Verhältnis zum Schuldner hat die Übergabe Erfüllungswirkung.

II. Die Verwertung

Die Verwertung erfolgt

- bei beweglichen Sachen nach § 847 II entsprechend der §§ 814 ff.; aus dem Erlös wird der Gläubiger befriedigt (9. Kap.).
- bei unbeweglichen Sachen durch Zwangsverwaltung oder Zwangsversteigerung (§§ 848 III, 866 I, 869 i.V.m. ZVG).

Es werden also zwei Arten der ZV miteinander kombiniert: die ZV in Forderungen (§§ 828 ff.) und die ZV in Sachen (§§ 808 ff. bzw. § 869 i.V.m. ZVG).

14. Kapitel

Die ZV wegen Geldforderungen in andere Vermögensrechte (§§ 857 ff.)

§ 857 stellt einen Auffangtatbestand dar und setzt den Grundsatz um, dass der Gläubiger in das gesamte pfändbare Vermögen des Schuldners vollstrecken kann. Andere Vermögensrechte i.S.d. § 857 sind daher sämtliche vermögenswerte Rechte, die weder Geldforderungen (§§ 829 ff.) noch Herausgabeansprüche (§§ 846 ff.) oder Grundstücksrechte (§§ 864 ff.) darstellen und entweder selbständig (§ 857 I) oder zumindest der Ausübung nach übertragbar sind (§ 857 III).

Also z.B. keine Persönlichkeitsrechte; sie besitzen keinen Vermögenswert. Ausgeschlossen von der Vollstreckung nach §§ 857 ff. sind auch akzessorische Rechte (wie z.B. Pfandrechte oder Rechte gegen den Bürgen) und Gestaltungsrechte (wie z.B. das Recht zur Kündigung); sie können nur neben dem Hauptrecht bestehen, also weder selbständig noch ihrer Ausübung nach übertragen werden. Anders hingegen z.B. der Nießbrauch, vgl. § 1059 BGB.

Die ZV erfolgt gem. § 857 I entsprechend der §§ 828 ff.:

I. Die Pfändung

Die Pfändung vollzieht sich daher durch Pfändungsbeschluss (§§ 857 I, 829). Ist jedoch kein Drittschuldner vorhanden, wird der Pfändungsbeschluss in Abweichung zu § 829 III mit Zustellung an den (Vollstreckungs-) Schuldner wirksam (§§ 857 II, 829 II). Das ist u.a. bei Urheber-, Patent-, Marken- und Geschmacksmusterrechten der Fall.

Der Begriff des Drittschuldners i.S.d. § 857 II ist weit auszulegen. Erfasst wird jeder, dessen Recht von der Pfändung berührt wird. Das liegt daran, dass sich die Beteiligten bei den Vermögensrechten i.S.v. § 857 häufig nicht als Gläubiger (= Vollstreckungsschuldner) und Schuldner (= Drittschuldner) gegenüberstehen, sondern als gleichberechtigte Rechtssubjekte Teilhaber desselben Rechts sind. So sind z.B. bei der Pfändung eines Miteigentumsanteils die übrigen Miteigentümer Drittschuldner.

II. Die Verwertung

Sie erfolgt über § 857 I i.d.R. entsprechend der §§ 835, 844, also durch Überweisungsbeschluss oder Anordnung einer anderen Art der Verwertung.

Ist allerdings ein unveräußerliches Recht, dessen Ausübung einem anderen überlassen werden kann (z.B. ein Nießbrauch nach § 1059 BGB), Gegenstand der Vollstreckung, so hat das Vollstreckungsgericht die Möglichkeit, besondere Anordnungen – insbesondere die Anordnung der Verwaltung – zu erlassen (§ 857 IV).

III. Einzelfälle

Zu den wichtigsten anderen Vermögensrechten i.S.d. §§ 857 ff. gehören:

1. Miteigentumsanteile an beweglichen Sachen

Sie sind gem. §§ 857 I, 829, 835 zu pfänden und zu verwerten. Nach erfolgter Pfändung und Überweisung muss der Gläubiger noch zur Befriedigung die Auseinandersetzung gem. §§ 749 ff. BGB herbeiführen. Hierzu ist er aufgrund des Pfändungs- und Überweisungsbeschlusses befugt. Denn durch ihn werden automatisch auch die Ansprüche auf Aufhebung der Gemeinschaft, Teilung des Erlöses und Auszahlung des anteiligen Erlöses erfasst.

Beachten Sie: In Miteigentumsanteile an unbeweglichen Sachen wird dagegen nach § 864 II vollstreckt.

2. Anwartschaftsrechte an beweglichen Sachen

Bsp.: *K hat von V eine Maschine unter Eigentumsvorbehalt gekauft. Noch vor Zahlung der letzten Kaufpreisrate erwirkt sein Gläubiger G einen Titel wegen einer Geldforderung gegen ihn. Da K außer dem Anwartschaftsrecht an der Maschine keine pfändbaren Gegenstände besitzt, möchte der G dieses pfänden. Geht das?*

Vorausgesetzt die Sache ist nicht unpfändbar, so unterliegt bereits das Anwartschaftsrecht aus aufschiebend bedingter Übereignung der ZV. Die Art und Weise der Pfändung ist jedoch umstritten. Drei Meinungen werden hierzu vertreten. Es geht dabei im Wesentlichen um die Frage, wie der Gläubiger eine Drittwiderspruchsklage des Vorbehaltsverkäufers, der ja noch Eigentümer ist, verhindern kann:

- Nach der **Theorie der reinen Rechtspfändung** geht der Gläubiger gem. §§ 857 I, 829 ff. vor. Eine etwaige Drittwiderspruchsklage des Vorbehaltsverkäufers würde nicht durchdringen, da der Schuldner Inhaber des Anwartschaftsrechts ist. Mit Bedingungseintritt (d.h. Zahlung des Restkaufpreises) erstarkt das Anwartschaftsrecht zum Vollrecht in der Person des Schuldners. Der Schuldner erwirbt also Eigentum mit der Folge, dass sich das Pfändungspfandrecht an dem Anwartschaftsrecht analog § 1287 S. 1 BGB an der Sache selbst fortsetzt.

  Gegen diesen Ansatz spricht jedoch, dass mit Bedingungseintritt ein Pfändungspfandrecht an der Sache ohne jede äußerliche Kenntlichmachung entsteht.

- Die **Theorie der reinen Sachpfändung** geht davon aus, dass das Anwartschaftsrecht – vergleichbar mit seiner rechtsgeschäftlichen Übertragung analog §§ 929 ff. BGB – nach den §§ 808 ff. beschlagnahmt wird. Grund: Das Anwartschaftsrecht ist ein wesensgleiches Minus des Vollrechts.

  Jedoch könnte der Eigentümer (= Vorbehaltsverkäufer) mit der Drittwiderspruchsklage (§ 771) vorgehen und so die Pfändung vereiteln.

- Die **Theorie der Doppelpfändung (h.M.)** umgeht diese Einwände, indem sie die Sach- und Rechtspfändung miteinander kombiniert. Danach wird das Anwartschaftsrecht nach den §§ 857 I, 829 ff. und die Sache selbst nach den §§ 808 ff. gepfändet. So kann sich das Pfändungspfandrecht am Anwartschaftsrecht nach Bedingungseintritt ohne weiteres an der Sache fortsetzen. Erhebt der Vorbehaltsverkäufer - gestützt auf sein Eigentum – Drittwiderspruchsklage, ist dem Gläubiger problemlos die Ablösung des Restkaufpreises möglich. Dem kann der Schuldner nicht gem. § 267 II BGB widersprechen, da ihm mit Pfändung des Anwartschaftsrechts die Verfügungsmacht hierüber entzogen worden ist (§§ 857 I, 829 I S. 2 i.V.m. §§ 135 I, 136 BGB).

> **Beachten Sie** jedoch, dass sich das Problem der richtigen Pfändungsform nur stellt, wenn der Gläubiger – so wie im Ausgangsbeispiel – bewusst auf ein bestimmtes Anwartschaftsrecht abzielt. Andernfalls wird der GV sich nach den Gewahrsamsverhältnissen richten und "normal" die Sache pfänden. Die Pfändung ist dann fehlerhaft, da dem Schuldner die Sache nicht gehört.

3. Weitere Einzelfälle: Grundschulden (§ 857 VI); Gesamthandsanteile (§ 859); Nießbrauch (§ 857 III i.V.m. § 1059 BGB); Nutzungsrechte (z.B. Wohnrecht); Leasingrechte; Internet-Domain (LG Essen JurBüro 00, 213).

Wiederholungsfragen zum 12. – 14. Kapitel

1. Wie und unter welchen Voraussetzungen werden (Geld-) Forderungen des Schuldners gegen einen Drittschuldner gepfändet?	Die Pfändung erfolgt durch Zustellung eines Pfändungsbeschlusses an den Drittschuldner (§§ 829 I u. III) durch das Vollstreckungsgericht (§§ 828, 802), wenn die ZV-Vorauss. vorliegen, die Möglichkeit des Bestehens der Forderung gegeben ist u. kein Pfändungsverbot besteht (§§ 850 ff.).
2. Welchen Inhalt hat der Pfändungsbeschluss?	Die konkrete Bezeichnung der gepfändeten (angeblichen) Forderung, das an den Drittschuldner gerichtete Verbot, an den Schuldner zu zahlen (§ 829 I S. 1, sog. arrestatorium) u. das an den Schuldner gerichtete Gebot, sich jeder Verfügung über die Forderung zu entziehen (§ 829 I S. 2, sog. inhibitorium).
3. Welche Konsequenzen hat es für den Drittschuldner, wenn er gegen das arrestatorium verstößt?	Seine Verfügung ist relativ unwirksam (§§ 135, 136 BGB). D.h., er wird zwar ggü. dem Schuldner – der nach wie vor Forderungsinhaber ist – frei, nicht aber ggü. dem Gläubiger. Er muss also an diesen noch einmal zahlen (Ausnahme: Er leistet analog §§ 1275, 407 I BGB in Unkenntnis der erfolgten Pfändung). Ein bereicherungsrechtlicher Rückforderungsanspruch gegen den Schuldner besteht nicht.
4. Warum gelten die Schuldnerschutzvorschriften der §§ 404 ff. BGB analog für den Drittschuldner?	Weil eine Pfändung nicht weiterreichende Folgen haben kann als eine Abtretung. Andernfalls würde der Drittschuldner ggü. dem Gläubiger schlechter stehen als ggü. dem Schuldner.

5. Kann der Drittschuldner auch Einwendungen des Schuldners gegen den Gläubiger geltend machen (Bsp.: Der Schuldner hat die titulierte Forderung erfüllt. Dennoch pfändet der Gläubiger eine Forderung des Sch. gegen den DS)?

Nein, denn der Drittschuldner darf durch die Pfändung ggü. dem Gläubiger nicht besser stehen als bei einer Abtretung. Im Falle der Abtretung könnte er auch nicht Einwendungen des Zedenten ggü. dem Zessionar geltend machen. Dem Schuldner bleibt es daher selbst vorbehalten, Vollstreckungsabwehrklage zu erheben.

6. Der Gläubiger pfändet eine angebliche Forderung des Schuldners gegen den Drittschuldner. Später stellt sich jedoch heraus, dass der Schuldner die Forderung bereits vor der Pfändung an X abgetreten hatte. Ist die Pfändung dennoch wirksam?

Nein, denn es wird nur die angebliche Forderung gepfändet. Besteht diese nicht (bzw. nicht in der Person des Schuldners), so ist die Forderungspfändung wirkungslos ("Schlag ins Leere!"). Sie wird mangels sachbezogenen Publizitätsakts auch nicht analog § 185 II BGB wirksam, wenn dem Schuldner die Forderung nach erfolgter Pfändung zurückabgetreten wird. Der Gläubiger muss also von neuem pfänden.

7. Der Gläubiger will in das Sparbuch seines Schuldners vollstrecken. Wie muss er vorgehen?

Pfändungs- und Überweisungsbeschluss beantragen. Denn durch Legitimationspapiere verbriefte Forderungen werden wie gewöhnliche Geldforderungen nach §§ 829 ff. gepfändet u. verwertet. Grund: Legitimationspapiere beweisen lediglich die Forderung, sind aber nicht selber Träger des Rechts.

8. Braucht der Gläubiger im Bsp. 7 denn gar nicht das Sparbuch, um an das Geld zu kommen?

Doch, denn die Bank (= Drittschuldner) ist nur gegen Aushändigung des Sparbuchs zur Zahlung verpflichtet (§ 808 II S. 1 BGB). Der Sch. ist daher zur Herausgabe des Sparbuchs verpflichtet (vgl. § 836 III S. 1). Kommt er dieser Verpflichtung nicht nach, muss der Gl. die Herausgabevollstreckung betreiben (§§ 836 III S. 3, 883 ff., sog. Hilfspfändung). Titel hierfür ist der Überweisungsbeschluss.

9. Wie wird wegen einer Geldforderung in einen Herausgabeanspruch und wie wird wegen eines Herausgabeanspruchs vollstreckt?

Die ZV wegen einer Geldforderung in einen Herausgabeanspruch erfolgt gem. § 846 entsprechend der §§ 829-845 unter Berücksichtigung der §§ 847-849. Die ZV wegen eines Herausgabeanspruchs erfolgt dagegen gem. §§ 883 ff. durch zwangsweise Wegnahme (bzw. Räumung).

10. Wo ist die ZV wegen Geldforderungen in sonstige Rechte geregelt?

In §§ 857 ff. Die ZV erfolgt gem. § 857 I entsprechend der §§ 828 ff.

11. Welche Theorien werden zur Pfändung eines Anwartschaftsrechts an einer bewegl. Sache vertreten?

Die Theorie der reinen Rechtspfändung, die Theorie der reinen Sachpfändung u. die Theorie der Doppelpfändung (vgl. ausführlich 14. Kap. III 2).

15. Kapitel

Die ZV wegen Geldforderungen in unbewegliches Vermögen

Die Immobiliarvollstreckung ist in den §§ 864-871 und im Gesetz über die Zwangsversteigerung und die Zwangsverwaltung (ZVG) geregelt, das jedoch als Teil der ZPO zu behandeln ist (vgl. § 869). Daraus folgt, dass stets die Vorschriften des 8. Buches der ZPO ergänzend heranzuziehen sind. **Gegenstand der Immobiliarvollstreckung** sind

- **Grundstücke (§ 864 I)** einschließlich ihrer Bestandteile (§§ 93, 94, 96 BGB) mit Ausnahme der ungetrennten Früchte (§ 810) und der Scheinbestandteile (§ 95 BGB);
- **Grundstücksgleiche Rechte (§ 864 I)** wie z.B. Erbbaurechte (vgl. § 11 I ErbbauRG), Jagd- und Fischereirechte;
- **Bruchteile** von Grundstücken und grundstücksgleichen Rechten **(§ 864 II)** wie z.B. Wohnungseigentum (vgl. §§ 1, 2 WEG) oder Miteigentum am Grundstück;
- **Gegenstände des Hypothekenhaftungsverbandes** (**§ 865 I**; s. 7. Kap. I 2).

Die ZV wegen Geldforderungen in das unbewegliche Vermögen kann gem. **§ 866 I** durch

- **Zwangsversteigerung** (unten I),
- **Zwangsverwaltung** (unten II) oder
- Eintragung einer **Zwangshypothek** (unten III)

vorgenommen werden. Der Gläubiger hat unter diesen Mitteln die freie Wahl, er kann auch beantragen, dass mehrere nebeneinander ausgeführt werden (§ 866 II). Der titulierte Anspruch muss nicht auf Duldung der ZV gerichtet sein. Mit der Immobiliarvollstreckung können auch gewöhnliche titulierte Geldforderungen durchgesetzt werden.

I. Die Zwangsversteigerung (§ 869 i.V.m. §§ 15 ff. ZVG)

Die Zwangsversteigerung vollzieht sich in zwei Abschnitten – der Anordnung der Versteigerung und der Versteigerung selbst. Funktionell zuständig ist das Amtsgericht als Vollstreckungsgericht (§ 1 ZVG), handelnd durch den Rechtspfleger (§ 3 Nr. 1 i RpflG). Örtlich zuständig ist das Amtsgericht der belegenen Sache (§ 1 ZVG).

Ziel der Zwangsversteigerung ist es, dem Gläubiger die Befriedigung aus der Substanz des Grundstücks zu ermöglichen.

1. Anordnung der Zwangsversteigerung (1. Abschnitt)

Auf Antrag des Gläubigers (§§ 15, 16 ZVG) ordnet das Vollstreckungsgericht (§§ 1 ZVG, 3 Nr. 1 i RpflG) die Zwangsversteigerung durch Beschluss an, wenn

- die Zwangsvollstreckungsvoraussetzungen vorliegen und
- der Schuldner entweder als Eigentümer im Grundbuch eingetragen oder Erbe des eingetragenen Eigentümers ist (§ 17 ZVG).

Der Anordnungsbeschluss wird im Grundbuch eingetragen (§ 19 ZVG) und dem Schuldner v. Amts wg. zugestellt (§§ 3, 8, 22 I S. 1 ZVG). Mit Zustellung an den Schuldner oder mit dem Eingang des Eintragungsersuchens bei dem Grundbuchamt (vorausgesetzt die Eintragung erfolgt demnächst), wird die Anordnung der Zwangsversteigerung wirksam (§ 22 ZVG). Maßgeblich ist der jeweils frühere Ztpkt. Der Anordnungsbeschluss wirkt zu Gunsten des Gläubigers als Beschlagnahme (§§ 20 f. ZVG) und hat die Wirkung eines relativen Veräußerungsverbots (§ 23 I S. 1 ZVG i.V.m. §§ 136, 135 BGB). Ab Eintragung des Versteigerungsvermerks im Grundbuch ist ein gutgläubiger Erwerb ausgeschlossen (vgl. § 23 II S. 2 ZVG). Durch die Beschlagnahme erlangt der Gläubiger zudem das Recht auf Befriedigung aus dem Grundstück (§ 10 I Nr. 5 ZVG; ein Pfändungspfandrecht ist dem ZVG fremd).

Rechtsbehelfe:

- Lehnt das Vollstreckungsgericht die Anordnung der Zwangsversteigerung ab, so ist gegen den die Ablehnung aussprechenden Beschluss die sofortige Beschwerde eröffnet (§ 11 I RpflG i.V.m. § 793).
- Gibt das Vollstreckungsgericht dem Antrag statt, dann kann der Schuldner sich bei Verfahrensverstößen mit der Erinnerung nach § 766 I gegen den Anordnungsbeschluss zur Wehr setzen. Denn mangels vorangegangener Anhörung liegt ihm gegenüber eine Vollstreckungsmaßnahme vor (vgl. 11. Kap. E I 1). Beachten Sie zusätzlich den besonderen Schuldnerschutz nach § 30 a ZVG, daneben findet auch § 765 a Anwendung.
- Dritte, die ein Interventionsrecht haben, können Drittwiderspruchsklage erheben (§ 37 Nr. 5 ZVG i.V.m. § 771).

2. Die Versteigerung (2. Abschnitt)

Die Verwertung erfolgt durch Versteigerung (§§ 35 ff. ZVG). Der Meistbietende erhält den Zuschlag (§ 81 I ZVG). Hierdurch erwirbt er kraft Hoheitsaktes originär Eigentum an dem Grundstück (§ 90 I ZVG) und den Gegenständen, auf die sich die Versteigerung erstreckt hat (§ 90 II ZVG i.V.m. §§ 55, 20, 21 ZVG). Aus dem Zuschlagsbeschluss kann der Ersteigerer gegen den Besitzer des Grundstücks (oder einer mitversteigerten Sache) die ZV auf Räumung (bzw. Herausgabe) betreiben (§ 93 ZVG). Der Versteigerungserlös wird gem. §§ 105 ff. ZVG in der Rangordnung des § 10 ZVG verteilt.

II. Die Zwangsverwaltung (§ 869 i.V.m. §§ 146 ff. ZVG)

Die Zwangsverwaltung soll den Gläubiger aus den Erträgnissen eines Grundstücks oder grundstücksgleichen Rechts befriedigen (z.B. Mietzins). Die Substanz verbleibt im Gegensatz zur Zwangsversteigerung dem Schuldner. Die Anordnung erfolgt entsprechend der bei der Zwangsversteigerung (§ 146 I ZVG) unter Berücksichtigung der besonderen Vorschriften der §§ 147-151: Auf Antrag des Gläubigers ernennt das Vollstreckungsgericht einen Zwangsverwalter, der das Verwaltungs- und Nutzungsrecht über das Grundstück ausübt und erwirtschaftete Überschüsse verteilt (§§ 150, 152, 155 ZVG). Zu beachten ist, dass die Einschränkung des § 21 ZVG nicht gilt (§ 148 I ZVG), es werden u.a. also auch Miet- und Pachtzinsforderungen erfasst (§ 21 II ZVG).

III. Die Zwangshypothek (§§ 866 ff.)

Die Eintragung einer Zwangshypothek erfolgt auf Antrag durch das Grundbuchamt (§ 867 I) für Geldforderungen von mehr als 750 € (§ 866 III). Das Grundbuchamt entscheidet durch den Rechtspfleger (§ 3 Nr. 1 h RpflG). Die Eintragung ist sowohl eine Vollstreckungsmaßnahme als auch ein Grundbuchgeschäft (sog. Doppelfunktion des Grundbuchamtes). Es müssen daher die vollstreckungsrechtlichen und grundbuchrechtlichen Voraussetzungen vorliegen:

- ZV-Voraussetzungen (allg., besondere und keine Vollstreckungshindernisse)
- grundbuchrechtliche Eintragungsvoraussetzungen

  Der Antrag i.S.d. § 13 GBO ist in dem Antrag nach § 867 I enthalten. Als Ausnahme zu § 19 GBO bedarf es nicht der Eintragungsbewilligung durch den Schuldner; sie wird durch den Titel ersetzt. Der Schuldner muss jedoch als Eigentümer im Grundbuch eingetragen (§ 39 GBO) oder dessen Erbe sein (§ 40 GBO).

Rechtsbehelfe:

- Trotz der Doppelnatur der Eintragung sind die Rechtsbehelfe des Zwangsvollstreckungsrechts (§§ 766, 793) bei Verfahrensverstößen nicht anwendbar. Einziger Rechtsbehelf ist die einfache Grundbuchbeschwerde gem. §§ 71 ff. GBO (OLG Köln Rpfl. 96, 189).
- Materielle Einwendungen muss der Schuldner mit der Vollstreckungsgegenklage geltend machen (§ 767).
- Dritte, die ein Interventionsrecht geltend machen, müssen Drittwiderspruchsklage (§ 771) erheben, da die Vollstreckung mangels Befriedigung des Gläubigers noch nicht beendet ist.

Die Zwangshypothek ist eine Sicherungshypothek (§§ 1184 f. BGB), deren Zweck lediglich darin besteht, dem Gläubiger eine grundbuchrechtliche Sicherung der titulierten Forderung zu verschaffen. Entscheidet der Gläubiger sich also für die Sicherungshypothek, so hat er dem Schuldner die Forderung praktisch gestundet und im "Gegenzug" dazu eine Sicherung erhalten. Will der Gläubiger Befriedigung aus dem Grundstück erlangen, muss er aus der Sicherungshypothek die Zwangsversteigerung des Grundstücks betreiben. Er muss hierzu nicht auf Duldung der ZV klagen (vgl. § 1147 BGB); es genügt vielmehr der (ursprüngliche) Titel, auf dem die Eintragung der Sicherungshypothek vermerkt ist (§ 867 III).

Fall 10 – "Gartenmöbel auf Abwegen":

Anfang des Jahres 2002 wurde über das Grundstück – Biergarten am Baggersee - des damaligen Eigentümers Siggi Schulz (S) das Zwangsversteigerungsverfahren eröffnet. Am 7.01.02 ist der Zwangsversteigerungsvermerk im Grundbuch eingetragen worden. Zum Ztpkt. der Anordnung der Zwangsversteigerung befanden sich 80 Gartenstühle und 10 Gartentische auf dem Grundstück, die Siggi zum Betrieb seines Biergartens benutzte. Diese Stühle und Tische veräußerte Siggi am 4.04.02 an Willy (W), der keine Ahnung von dem anhängigen Versteigerungsverfahren hatte. Willy holte die Sachen noch am selben Tag bei Siggi ab. Im Versteigerungstermin am 20.04.02 wurde dem Kurt Glücklich (K) – der auch das Zwangsversteigerungsverfahren betrieb – der Zuschlag erteilt.

Als Kurt von der Veräußerung der Stühle und Tische hörte, verlangte er von Willy Herausgabe. Hierzu kam es jedoch nicht mehr, da die Sachen inzwischen im Auftrag des Bruno Brülski (B) aufgrund eines Zahlungstitels gegen Willy gepfändet worden sind. Nun wird Kurt langsam böse. Er meint, er sei aufgrund des ihm erteilten Zuschlages Eigentümer der Stühle und Tische geworden und klagt daher gegen Bruno. Er beantragt, die im Auftrag des Bruno Brülski bei Willy vorgenommene ZV in die 80 Gartenstühle und 10 Gartentische für unzulässig zu erklären. Bruno beantragt, die Klage abzuweisen. Wie wird das Gericht über die (zulässige) Klage entscheiden?

Lösungsvorschlag

Es handelt sich bei der erhobenen Klage um eine Drittwiderspruchsklage (§ 771). Diese ist begründet, wenn dem Kläger ein die Veräußerung hinderndes Recht i.S.d. § 771 I zusteht.

Der Gesetzeswortlaut ist missverständlich, weil nicht einmal Eigentum als stärktes dingliches Recht die Veräußerung an einen gutgläubigen Erwerber hindern kann (vgl. §§ 932 ff., 892 BGB). Gemeint ist vielmehr, dass durch die Vollstreckungsmaßnahme in den Zuweisungsgehalt eines Drittrechts eingegriffen worden sein muss. Ein die Veräußerung hinderndes Recht in diesem Sinne ist also stets dann gegeben, wenn der Vollstreckungsschuldner ggü. dem Dritten - sprich dem Kläger – nicht berechtigt ist, über den Vollstreckungsgegenstand zu verfügen.

Der Vollstreckungsschuldner W wäre ggü. dem Kläger K nicht zur Verfügung über die Stühle und Tische befugt gewesen, wenn K im Versteigerungstermin vom 20.04.02 durch Zuschlag hieran Eigentum erworben hätte.

I. Durch den Zuschlag hat K nach § 90 I ZVG Eigentum an dem ersteigerten Grundstück erlangt. Gem. § 90 II ZVG hat er zugleich die Gegenstände erworben, auf welche sich die Versteigerung erstreckt hat.

Die Versteigerung erstreckt sich nach § 55 I ZVG auf alle Gegenstände, deren Beschlagnahme (im Ztpkt. des Beginns der Versteigerung, d.h. im Ztpkt. der Aufforderung zur Abgabe von Geboten nach § 66 II ZVG) noch wirksam ist. Durch den Beschluss über die Anordnung der Zwangsversteigerung werden gem. § 20 II ZVG auch diejenigen Gegenstände von der Beschlagnahme umfasst, auf welche sich bei einem Grundstück die

Hypothek erstreckt. Dabei kommt es lediglich darauf an, ob diese Gegenstände abstrakt der Hypothekenhaftung gem. §§ 1120 ff. BGB unterliegen. Es ist also gleichgültig, ob an dem betreffenden Grundstück tatsächlich eine Hypothek besteht.

1. Eine (unterstellte) Hypothekenhaftung würde sich gem. § 1120 BGB auf die Stühle und Tische erstrecken, wenn sie Zubehör des von dem Versteigerungsverfahren betroffenen Grundstücks waren und im Ztpkt. der Beschlagnahme im Eigentum des damaligen Grundstückseigentümers S standen.

a) Die Zubehörseigenschaft ergibt sich aus §§ 97 I, 98 Nr. 1 BGB. Denn die Stühle und Tische waren Inventar des auf dem Grundstück belegenen Biergartens und somit dazu bestimmt, dem wirtschaftlichen Zweck der Hauptsache zu dienen.

b) Sie standen im Ztpkt. der Beschlagnahme auch im Eigentum des seinerzeitigen Grundstückseigentümers S.

2. Die Beschlagnahme bei Beginn der Versteigerung wäre aber nicht mehr wirksam gewesen, wenn durch die am 4.04.02 erfolgte Veräußerung eine Enthaftung eingetreten wäre.

a) Das ist der Fall, wenn der Erwerber W sowohl im Ztpkt. der Veräußerung (§§ 135 II, 136 BGB) als auch im Ztpkt. der Entfernung (§ 1121 II S. 2 BGB) gutgläubig gewesen ist. W hatte keine Kenntnis von dem anhängigen Versteigerungsverfahren (vgl. § 23 II S. 1 ZVG). Die Beschlagnahme gilt jedoch – auch in Ansehung der mithaftenden beweglichen Sachen – gem. § 23 II S. 2 ZVG als bekannt, sobald der Versteigerungsvermerk eingetragen ist. Es handelt sich hierbei um eine unwiderlegbare Vermutung. Der Versteigerungsvermerk ist bereits am 7.01.02 - also vor der Veräußerung der Stühle und Tische - eingetragen worden. Somit ist auch keine Enthaftung durch gutgläubigen Erwerb eingetreten.

b) Trotz (unwiderlegbar vermuteter) Bösgläubigkeit kann W aber nach § 23 I S. 1 ZVG die Stühle und Tische beschlagnahmefrei erworben haben, wenn S innerhalb einer ordnungsgemäßen Wirtschaft über diese Gegenstände verfügt hat. Das Veräußerungsgeschäft stand diesem Zweck aber gerade entgegen, da die Stühle und Tische zum Betrieb des Biergartens notwendig waren.

Eine Enthaftung liegt also nicht vor.

3. Die Beschlagnahme der Stühle und Tische war demnach noch im Ztpkt. des Zuschlages wirksam. K hat somit auch gem. §§ 90 I u. II, 55 I, 20 II ZVG, 1120 BGB Eigentum hieran erworben.

Folglich steht ihm ein die Veräußerung hinderndes Recht i.S.d. § 771 zu.

II. **Ergebnis:** Die Klage ist begründet. Das Gericht wird daher die ZV aus dem (genau bezeichneten Titel des B gegen W) in die 80 Gartenstühle und die 10 Gartentische für unzulässig erklären.

Abwandlung:

Im Unterschied zum Ausgangsfall betreibt Brülski nicht die ZV gegen Willy. Dennoch verweigert Willy die Herausgabe der Stühle und Tische an Kurt. Er ist der Meinung, er sei Eigentümer dieser Gegenstände geworden. Kurt klagt daher gegen Willy auf Herausgabe. Wie wird das Gericht entscheiden?

Lösungsvorschlag

Das Gericht wird die Klage als unzulässig abweisen, da K bereits aufgrund des Zuschlagsbeschlusses einen Herausgabetitel gegen W hat (§ 93 I S. 1 ZVG; s. bereits 3. Kap. II 1d). Es fehlt mithin an dem Rechtsschutzbedürfnis für eine Klage auf Herausgabe.

16. Kapitel

Die ZV wegen anderer Ansprüche als Geldforderungen

Die ZV aus Titeln, die nicht auf Zahlung gerichtet sind, ist im Abschnitt 3 des 8. Buches der ZPO behandelt (§§ 883-898). Im Einzelnen handelt es sich um Ansprüche zur

- Erwirkung der Herausgabe von Sachen (unten A)
- Erwirkung von Handlungen (unten B)
- Erwirkung von Unterlassungen und Duldungen (unten C)
- Abgabe von Willenserklärungen (unten D)

Auch diese Arten der ZV setzen selbstverständlich voraus, dass die Zwangsvollstreckungsvoraussetzungen (3.-5. Kap.) erfüllt sind.

A. Die ZV zur Erwirkung der Herausgabe von Sachen (§§ 883-886)

Funktionell zuständig ist der GV (§§ 883 I, 885 I). Die zu beachtenden Vorschriften richten sich maßgeblich danach, ob Herausgabe (bzw. Leistung) beweglicher oder Herausgabe unbeweglicher Sachen verlangt wird und ob sich die herauszugebende Sache im Gewahrsam des Schuldners oder eines Dritten befindet.

I. Die Herausgabevollstreckung bei beweglichen Sachen

1. Befindet sich die Sache **im Gewahrsam des Schuldners**, nimmt der GV sie ihm weg und übergibt sie dem Gläubiger (§§ 883, 884).

a) Hat der Schuldner eine bestimmte Sache herauszugeben und wird diese nicht bei ihm vorgefunden, macht er sich u.U. schadensersatzpflichtig (vgl. § 893); auf Antrag des Gläubigers hat er eine eidesstattliche Versicherung über den Verbleib der Sache abzugeben (§ 883 II). Andere Zwangsmittel sind unzulässig.

b) Schuldet der Schuldner nach dem Inhalt des Titels Übereignung der Sache (z.B. aus § 433 I S.1 BGB), kommt das Verfügungsgeschäft nach § 929 S.1 BGB wie folgt zustande:

- Die dingliche Einigungserklärung des Schuldners gilt mit Rechtskraft des Urteils als abgegeben (§ 894 I S. 1). Der Gläubiger nimmt dieses fingierte Angebot durch schlüssiges Verhalten an.
- Die Übergabe wird durch die Wegnahme der Sache seitens des GV ersetzt (§ 897 i.V.m. § 883).

Vollstreckt der Gläubiger aus einem für vorläufig vorllstreckbar erklärtem Urteil, erlangt er erst mit Rechtskraft des Urteils Eigentum und nicht bereits mit Herausgabe nach § 883. Zwischen Herausgabe und Eintritt der Rechtskraft hat er daher lediglich einen gem. § 986 I BGB geschützten Eigenbesitz. Über § 898 kann der Gläubiger auch gem. §§ 932 ff. BGB gutgläubig Eigentum erwerben, wenn die Sache nicht dem Schuldner gehört.

2. Befindet sich die **Sache bei einem Dritten, der analog § 809 nicht zur Herausgabe bereit ist**, wird der Herausgabeanspruch gegen den Dritten gem. § 886 i.V.m. §§ 829 ff. gepfändet und an den Gläubiger überwiesen (es sei denn, der Titel ist auf den Dritten gem. § 727 umgeschrieben). Der Gläubiger muss den Anspruch gegen den Dritten dann notfalls gerichtlich in einem weiteren Erkenntnis- und Vollstreckungsverfahren durchsetzen.

II. Die Herausgabevollstreckung bei unbeweglichen Sachen

1. Ein Anspruch auf Herausgabe einer unbeweglichen Sache wird nach § 885 I vollstreckt, indem der GV den Schuldner aus dem Besitz setzt und den Gläubiger in den Besitz einweist (sog. Räumungsvollstreckung). D.h., dass der GV den Schuldner notfalls mit Gewalt und Hilfe von Polizeiorganen aus der Wohnung (bzw. von dem Grundstück) entfernen muss (§ 758 II u. III). Bewegliche Sachen, die dem Schuldner gehören, hat der GV ebenfalls wegzuschaffen (§ 885 II u. III). Einer richterlichen Durchsuchungsanordnung bedarf es nicht (§ 758 a II).

Bei Räumung einer Mietwohnung war bislang heftig umstritten, ob gegen jeden, der an der zu räumenden Wohnung Mitbesitz hat, ein Räumungstitel vorliegen muss. Zu den betroffenen Personen gehören insbesondere Ehegatten, Partner einer nichtehelichen Lebensgemeinschaft, einer Lebenspartnerschaft oder einer bloßen Wohngemeinschaft sowie Untermieter: Nach tradioneller Auffassung genügt ein Räumungstitel gegen den Mieter auch zur Räumung gegen Mitgewahrsamsinhaber, da diese nur einen "abgeschwächten Mitbesitz" haben (Panly DGVZ 00, 17). Die Gegenansicht leitet aus § 750 I ab, dass gegen jeden, der Gewahrsam hat, ein Titel vorliegen müsse (OLG Köln MDR 97, 782; Nies MDR 99, 1115). Der BGH hat diesen Streitstand mittlerweile im letztgenannten Sinn entschieden (BGH NJW 04, 3041; NJW 08, 1959). Dies gilt nach Auffassung des BGH selbst dann, wenn der Verdacht besteht, dem Dritten sei Mitbesitz nur eingeräumt worden, um die Zwangsräumung zu vereiteln (BGH NJW 08, 3287). Sind mehrere Mitgewahrsamsinhaber Mieter, bedarf es selbstverständlich auch nach der traditionellen Auffassung eines Titels gegen sämtliche Mieter.

Beachten Sie: Minderjährige Kinder, die mit ihren Eltern zusammenleben, haben jedoch keinen eigenen Mitbesitz. Hier reicht also ein Räumungstitel gegen die Eltern. Die Besitzverhältnisse ändern sich i.d.R. auch nicht mit Erreichen der Volljährigkeit der Kinder. Sie bleiben Besitzdiener i.S.v. § 855 BGB (BGH NJW 08, 1959 mwN).

Zu beachten ist schließlich der Räumungsschutz nach §§ 721, 765 a.

2. Bei Drittgewahrsam gilt auch hier das oben zu § 886 Gesagte.

B. Die ZV zur Erwirkung von Handlungen (§ 887-889)

Es ist danach zu unterscheiden, ob eine vertretbare oder unvertretbare Handlung geschuldet ist.

Vertretbar ist eine Handlung, wenn es für den Gläubiger rechtlich und tatsächlich gleichgültig ist, ob sie der Schuldner oder ein Dritter vornimmt, weil der Erfolg gleich ist (vgl. § 887 I). Das ist insbesondere der Fall, wenn der Schuldner nach dem zu Grunde liegenden Rechtsverhältnis dazu befugt ist, die Handlung durch andere vornehmen zu lassen.

Bsp.: *Abbruch eines Gebäudes, Reparatur eines Pkws, Nachbesserung, Beförderung von Sachen.*

Beachte: *Obwohl es sich bei der Herausgabe von Sachen auch um eine vertretbare Handlung handelt, ist sie ausschließlich gem. §§ 883-886 vollstreckbar (vgl. § 887 III).*

Unvertretbar ist eine Handlung, deren Vornahme ausschließlich vom Willen des Schuldners abhängt und deren Durchführung durch einen Dritten nicht (oder nicht so wie vom Schuldner) möglich ist (vgl. § 888 I S. 1).

Bsp.: *Erteilung von Zeugnissen, Auskunftserteilung, Rechnungslegung, künstlerische Leistungen, Abgabe einer eidesstattlichen Versicherung (vgl. § 889 II), Widerruf ehrverletzender Äußerungen (OLG Frankfurt MDR 98, 986; nach a.A. wird hier § 894 analog angewandt, damit dem Schuldner ein unzumutbarer Widerruf erspart wird); Erstellung von (Miet-) Nebenkostenabrechnungen (BGH NJW 06, 2706).*

I. Die ZV zur Vornahme einer vertretbaren Handlungen (§ 887)

Da eine vertretbare Handlung statt vom Schuldner auch von einem Dritten vorgenommen werden kann, wird sie dadurch vollstreckt, dass das (ausschließlich funktionell zuständige) Prozessgericht erster Instanz den Gläubiger auf Antrag ermächtigt, die Handlung auf Kosten des Schuldners vornehmen zu lassen (§ 887 I, zivilprozessuale Ersatzvornahme). Sofern der Gläubiger dies zusätzlich beantragt, ist der Schuldner zur Vorauszahlung durch Beschluss zu verpflichten (§ 887 II). Dieser Beschluss ist wie eine normale Geldforderung gem. §§ 794 I Nr. 3, 803 ff. vollstreckbar.

Der Schuldner ist vor Erlass der Entscheidung anzuhören (§ 891). Es ist streitig, ob materielle Einwendungen bereits im Rahmen dieser Anhörung vom Prozessgericht zu beachten sind (so u.a. OLG Zweibrücken JurBüro 01, 155) oder ob der Schuldner – wie auch sonst – Klage nach § 767 erheben muss (so u.a. OLG München MDR 00, 907).

II. Die ZV zur Vornahme einer unvertretbaren Handlung (§ 888)

Ein Anspruch auf Vornahme einer unvertretbaren Handlung wird dadurch vollstreckt, dass das (ausschließlich funktionell zuständige) Prozessgericht erster Instanz den Schuldner auf Antrag des Gläubigers zur Vornahme der Handlung durch Zwangsgeld und für den Fall, dass dieses nicht beigetrieben werden kann, durch Zwangshaft anhält (§ 888 I S. 1).

Das Prozessgericht entscheidet über den Antrag des Gläubigers durch Beschluss (angreifbar mit der sofortigen Beschwerde nach § 793). Der Schuldner ist vor Erlass der Entscheidung anzuhören (§ 891). Das Zwangsgeld darf nicht den Betrag von 25.000 € (§ 888 I S. 2) und die Zwangshaft nicht die Dauer von 6 Monaten (§ 888 I S. 3 i.V.m. § 802 j) übersteigen. Zwangsgeld und Zwangshaft sind keine Strafen im strafrechtlichen Sinn, sondern nur Beugemittel. Eine Vollstreckung entfällt daher, wenn der Schuldner die Handlung vorgenommen hat. Unterlässt er dies, wird das Zwangsgeld auf Antrag des Gläubigers durch den GV nach der JBeitrO zu Gunsten der Staatskasse und die Zwangshaft gem. § 888 I S. 3 i.V.m. §§ 802g ff. aufgrund eines Haftbefehls des Prozessgerichts vollstreckt. Eine vorherige Androhung der Zwangsmittel findet nicht statt (§ 888 II). Wegen des Beugecharakters können Zwangsgeld und Zwangshaft wiederholt verhängt werden.

Soweit der GV das Beugemittel vollstreckt, ist gegen seine Maßnahmen die Vollstreckungserinnerung nach § 766 eröffnet. Ob materielle Einwendungen – insb. der Einwand der Erfüllung - bereits im Rahmen der Anhörung des Prozessgerichts nach § 891 zu berücksichtigen sind oder ob der Schuldner Vollstreckungsgegenklage (§ 767) erheben muss, ist umstritten (s.o.).

Wird der Titel aufgehoben, hat der Schuldner einen Anspruch auf Rückzahlung des beigetriebenen Zwangsgeldes aus ungerechtfertigter Bereicherung (§ 812 I S. 2 BGB) gegen die Justizkasse (BAG NJW 90, 2579).

Ausnahmsweise kann eine unvertretbare Handlung nicht erzwungen werden:

- Wenn noch die Mitwirkung eines Dritten erforderlich ist und der Schuldner substantiiert dargelegt hat, alle ihm zumutbaren Anstrengungen unternommen zu haben, um diese Mitwirkung zu erlangen (OLG Karlsruhe FamRZ 99, 1436 1437).

Bsp.: Der Schuldner ist zur Rechnungslegung verpflichtet; die hierzu von ihm benötigten Unterlagen befinden sich jedoch im Gewahrsam eines nicht zur Herausgabe bereiten Dritten.

- Wenn der Schuldner zu unvertretbaren Handlungen aus einem Dienstvertrag verurteilt worden ist (§ 888 III). Nach h.M. ist als Dienstvertrag i.S.d. § 888 III auch ein auf eine unvertretbare Handlung gerichteter entgeltlicher Geschäftsbesorgungsvertrag und Auftrag zu werten (Zöller § 888 Rn. 18). Beachte: § 888 III gilt nur für unvertretbare Handlungen, vertretbare Handlungen aus einem Dienstvertrag werden gem. § 887 vollstreckt.

Merken Sie: Der Vollstreckung des Auskunftsanspruchs eines nichtehelichen Kindes gegen seine Mutter auf Nennung des Namens des Erzeugers steht eine analoge Anwendung des § 888 III nach ü.A. nicht entgegen (OLG Hamm NJW 01, 1870 = RÜ 01, 353 mwN).

- Wenn der Schuldner zur Zahlung einer Entschädigung im Falle des § 510 b verurteilt worden ist (§ 888 a).

In diesen Fällen bleibt dem Gläubiger nur die Klage auf Schadensersatz (§ 893).

C. Die ZV zur Erwirkung von Unterlassungen und Duldungen (§ 890)

Duldungs- und Unterlassungstitel werden dadurch vollstreckt, dass das (ausschließlich funktionell zuständige) Prozessgericht erster Instanz den Schuldner wegen jeder (schuldhaften) Zuwiderhandlung auf Antrag des Gläubigers nach vorheriger Androhung zu einem Ordnungsgeld (bis zu 250.000 €) oder zu einer Ordnungshaft (bis zu 2 Jahren) verurteilt (§ 890). Ein exakter Verstoß ist nicht erforderlich. Es genügt die Verletzung des "Kerns" der Unterlassungsverpflichtung.

***Bsp.**: Besitzstörungen zu unterlassen (§ 862 I BGB), ebenso Störungen des Eigentums oder sonstiger dinglicher Rechte (§§ 1004, 1027 BGB), Bauarbeiten einzustellen, den Gebrauch eines Namens zu unterlassen (§ 12 BGB), die Unterlassung einer Tatsachenbehauptung ggü. Dritten, irreführende Angaben nach § 3 UWG nicht zu gebrauchen (Zöller § 890 Rn. 3 mwN).*

Die Androhung kann bereits in dem Titel enthalten sein; andernfalls ist sie im Vollstreckungsverfahren durch gesonderten Beschluss auszusprechen (§ 890 II). Nach erfolgter Androhung sind die Ordnungsmittel durch Beschluss festzusetzen (§ 890 I). Der Schuldner ist zuvor anzuhören (§ 891). Die Beschlüsse nach § 890 I, II sind mit der sofortigen Beschwerde (§ 793) angreifbar. Die ZV aus dem das Ordnungsgeld festsetzenden Beschluss (§ 794 I Nr. 3) erfolgt nach der JBeitrO v. Amts wg. zu Gunsten der Staatskasse.

D. Die ZV zur Abgabe einer Willenserklärung (§§ 894-898)

Ist der Schuldner zur Abgabe einer Willenserklärung verurteilt worden, so gilt die Erklärung als abgegeben, sobald das Urteil formell rechtskräftig geworden ist (§ 894 I S. 1; in dem Ausnahmefall des § 895 genügt die vorläufige Vollstreckbarkeit).

> **Beachten Sie** jedoch, dass ein Prozessvergleich (§ 794 I Nr. 1), in dem sich der Schuldner zur Abgabe einer Willenserklärung verpflichtet hat, nicht diese Wirkung hat. Er muss nach § 888 vollstreckt werden (Grund: Ein Prozessvergleich ist nicht rechtskraftfähig). Der Gläubiger kann auch auf Abgabe der begehrten Willenserklärung klagen. Einer solchen Klage fehlt nicht etwa das Rechtsschutzbedürfnis, weil schon ein Titel vorliegt. Denn die ZV nach § 894 I S. 1 ist ggü. der Vollstreckung nach § 888 der einfachere und schnellere Weg (BGH 98, 127). Um diesen Umständen jedoch aus dem Weg zu gehen, ist es stets ratsam, die Abgabe der Willenserklärung selbst und nicht lediglich die bloße Verpflichtung hierzu in den Vergleich mit aufzunehmen (vgl. bereits ZPO I 14. Kap. V 2).

Zu dem examenswichtigen Fall der geschuldeten Übereignung einer beweglichen Sache siehe oben A I 1 b.

Wiederholungsfragen zum 16. Kapitel

1. G klagt gegen S auf Rückgabe aus Leihe (§ 604 BGB) u. obsiegt. Nach welchen Vorschriften muss G seinen Titel vollstrecken?	Nach den §§ 883 ff.
2. Warum nicht nach den §§ 846 ff.?	Weil nach den §§ 846 ff. wegen einer Geldforderung in einen Herausgabeanspruch des Schuldners vollstreckt wird. G will hier aber wegen eines Herausgabeanspruchs vollstrecken und nicht wegen einer Geldforderung.
3. Kann der GV die dem S leihweise überlassene Sache auch einem Dritten gem. §§ 883 ff. wegnehmen, falls S die Sache weiterverliehen hat?	Nur wenn der Dritte analog § 809 zur Herausgabe bereit ist. Andernfalls muss G den Herausgabeanspruch des S gegen den Dritten gem. § 886 i.V.m. §§ 829 ff. pfänden u. sich überweisen lassen.
4. Kann G aus dem Überweisungsbeschluss die ZV gegen den Dritten betreiben, wenn dieser nicht freiwillig die Sache herausgibt?	Nein, G muss in diesem Fall den überwiesenen Anspruch gegen den Dritten gerichtlich geltend machen.
5. G vermietet Wohnungen. Er hat erfolgreich gegen einen seiner Mieter auf Räumung geklagt. Wie wird das Räumungsurteil vollstreckt?	Ein Anspruch auf Herausgabe einer unbeweglichen Sache wird nach § 885 I vollstreckt, indem der GV den Schuldner aus dem Besitz setzt u. den Gläubiger in den Besitz einweist. Der Schuldner ist also aus der Wohnung zu entfernen, notfalls auch mit Gewalt.
6. Gilt das auch für seine Familienangehörigen?	Wenn diese ebenfalls Mieter der zu räumenden Wohnung sind, bedarf es unzweifelhaft auch eines Titels gegen sie. Andernfalls genügt nach einer Auffassung ein Titel gegen den Schuldner als einzigen Mieter, da die übrigen Mitgewahrsamsinhaber nur einen von dem Schuldner abgeleiteten u. "abgeschwächten Mitbesitz" haben. Die (mittlerweile) h.M. leitet jedoch aus § 750 I ab, dass gegen sämtliche Mitgewahrsamsinhaber ein Titel vorliegen muss.
7. Wie wird ein Urteil auf Abgabe einer Willenserklärung vollstreckt?	Mit Eintritt der Rechtskraft gilt die Erklärung als abgegeben, ohne dass weitere Vollstreckungsmaßnahmen nötig sind (§ 894 I S. 1).
8. Wie wird ein Urteil vollstreckt, in dem der Schuldner zur Übereignung einer bewegl. Sache verurteilt worden ist?	Die dingl. Einigungserklärung des Schuldners (§ 929 S. 1 BGB) gilt mit Rechtskraft des Urteils als abgegeben (§ 894 I S. 1). Die Übergabe wird durch Wegnahme seitens des GV ersetzt (§ 897 i.V.m. § 883). Es werden also Herausgabevollstreckung und Vollstreckung zur Abgabe einer Willenserklärung miteinander kombiniert.
9. Wie wird ein Anspruch auf Vorlegung eines Nachlassverzeichnisses vollstreckt?	Nach § 888, da es um eine unvertretbare Handl. geht, die nur durch den Erben und nicht durch einen Dritten vorgenommen werden kann (vgl. § 2314 BGB).

Fall 11 – "Der lästige Mitbewohner":

Schlusi hatte von Grobi eine große Wohnung angemietet, die er gemeinsam mit seinem Lebenspartner – dem Detlef – bezog. In der Folgezeit vergaß Schlusi jedoch, die vereinbarte Miete zu entrichten. So nahm das Unglück seinen Lauf. Grobi, der für die Vergesslichkeit seines Mieters wenig Verständnis aufbringen konnte, erwirkte gegen diesen nach erfolgter fristloser Kündigung einen Räumungstitel und beauftragte den GV Fauli mit der zwangsweisen Räumung. Fauli weigerte sich aber, die Zwangsvollstreckung durchzuführen. Er meinte, es müsse auch ein Titel gegen den armen Detlef vorliegen, bevor er – der Fauli - zur Tat schreiten könne. Grobi, der den Verdacht äußerte, der Fauli stecke mit diesen Schwulen unter einer Decke, legte aufgrund Faulis Amtsverweigerung Vollstreckungserinnerung ein. Diese wurde jedoch zum Entsetzen des Grobi abschlägig beschieden. Grobi, der die Welt nicht mehr versteht, sucht nun seinen Rechtsanwalt Dr. Schleckle auf und fragt diesen um Rat. Was kann Dr. Schleckle für Grobi tun?

Lösungsvorschlag

Er könnte für G **sofortige Beschwerde** gegen die Erinnerungsentscheidung einlegen **(§ 793)**.

A. Das setzt zunächst voraus, dass die **Zulässigkeitsvoraussetzungen** hierfür gegeben sind.

I. Die sofortige Beschwerde ist gem. § 793 **statthaft gegen Entscheidungen** des Vollstreckungsgerichts oder des Prozessgerichts, **die im Zwangsvollstreckungsverfahren ohne mündliche Verhandlung ergehen können**. Über die Erinnerung entscheidet das Vollstreckungsgericht (§ 766) durch Beschluss (§ 764 III). D.h., die Entscheidung kann ohne mündliche Verhandlung ergehen (vgl. § 128 IV). Mithin ist die sofortige Beschwerde auch statthaft.

II. Die sofortige Beschwerde nach § 793 ist kein besonderes Rechtsmittel der ZV. Es gelten daher i.Ü. die **allgemeinen Vorschriften der §§ 567 ff.**: Danach muss die sofortige Beschwerde schriftlich (§ 569 II) oder zu Protokoll der Geschäftsstelle (§ 569 III) des Gerichts, dessen Entscheidung angefochten wird, innerhalb einer Notfrist von 2 Wochen eingelegt werden (§ 569 I). Mangels gegenteiliger Anhaltspunkte ist davon auszugehen, dass die Frist des § 569 I noch nicht abgelaufen ist und demnach die sofortige Beschwerde noch form- und fristgerecht durch RA Dr. S eingelegt werden kann.

B. Desweiteren müsste die sofortige Beschwerde auch **in der Sache Aussicht auf Erfolg** haben. Das wäre nur der Fall, wenn die angefochtene Entscheidung fehlerhaft wäre. Es ist also zu prüfen, ob das Vollstreckungsgericht der Erinnerung des G hätte stattgeben müssen. Das setzt wiederum voraus, dass die Erinnerung des G zulässig und begründet war.

I. Die Erinnerung ist zweifelsohne statthaft gewesen, da der GV sich geweigert hat, die ZV durchzuführen (§ 766 II). Mangels gegenteiliger Anhaltspunkte ist auch davon auszugehen, dass der G das richtige Gericht – das AG, in dessen Bezirk die ZV hätte stattfinden sollen (§§ 766 II, 764 I u. II, 802) – angerufen hat. Die Erinnerung war demnach zulässig.

II. Sie wäre zudem begründet gewesen, wenn der GV verpflichtet gewesen wäre, den Vollstreckungsauftrag durchzuführen. Der GV wäre nur dann dazu verpflichtet gewesen, wenn die Zwangsvollsteckungsvoraussetzungen vorgelegen hätten.

Vorliegend ist bereits fraglich, ob der Räumungstitel gegen S alleine ausreicht, um die ZV betreiben zu können. Denn ein Anspruch auf Herausgabe einer unbeweglichen Sache wird nach § 885 I vollstreckt, indem der GV den Schuldner aus dem Besitz setzt und den Gläubiger in den Besitz einweist. Wer Schuldner im Sinne dieser Vorschrift ist, richtet sich nach § 750 I S. 1. Danach darf die ZV nur gegen die Personen begonnen werden, die in dem Titel oder in der Klausel benannt sind. Es stellt sich also die Frage, ob der nicht in dem Titel benannte D auch Schuldner in diesem Sinne ist. Schuldner einer sog. Räumungsvollstreckung ist derjenige, der den Besitz an der zu räumenden Wohnung innehat. Man könnte den Standpunkt vertreten, dies sei nur der Mieter S, da dieser sein Besitzrecht unmittelbar von dem Vermieter ableite. Der nicht in den Mietvertrag einbezogene Lebenspartner D habe lediglich einen "abgeschwächten Mitbesitz". Dem ist jedoch entgegenzuhalten, dass das Vollstreckungsverfahren ein streng formalisiertes Verfahren ist. Der GV hat nicht materielle Überlegungen anzustrengen und nicht das Recht zum Besitz zu beurteilen, sondern allein die tatsächlichen Besitzverhältnisse, gleich wie der Besitz erlangt ist. Wer Besitz hat, bestimmt sich nach den §§ 854 ff. BGB. D hat demnach Mitbesitz (§ 866 BGB) an der zu räumenden Wohnung.

Ungeachtet dessen folgt aus dem Gebot der partnerschaftlichen Lebensgemeinschaft (§ 2 LPartG) die Pflicht der Lebenspartner, sich gegenseitig die Benutzung der partnerschaftlichen Wohnung zu gestatten. Regelmäßig sind daher beide Lebenspartner gleichberechtigte Mitbesitzer der partnerschaftlichen Wohnung. Es würde der Stellung des jeweils anderen Lebenspartners nicht entsprechen, ihm jede selbständige Nutzungsbefugnis der Wohnung zu versagen und ihm im Sinne einer Besitzdienerschaft (§ 855 BGB) von den Weisungen des Lebenspartners, der Partei des Mietvertrages geworden ist, abhängig sein zu lassen.

Nach alledem fehlt es an der allgemeinen Vollstreckungsvoraussetzung des § 750 I S. 1. G benötigt auch einen Titel gegen D, um die Räumungsvollstreckung betreiben zu können (vgl. BGH NJW 04, 3041 mwN; a.A. gut vertretbar!). Die Erinnerung des G ist folglich auch zu Recht zurückgewiesen worden.

C. **Ergebnis:** Eine sofortige Beschwerde gegen die Entscheidung des Vollstreckungsgerichts hat demnach auch keine Aussicht auf Erfolg. Dr. S wird dem G raten müssen, auch einen Titel gegen D zu erwirken, um dann die Vollstreckung betreiben zu können (Bis dahin können S und D weiterhin umsonst wohnen. Vielleicht hat S bis dahin ja auch seinen Lebenspartner gewechselt. Dann guckt G wieder in die "Röhre" und kann von Neuem loslegen. Die Rspr. des BGH ist nicht gerade vermieterfreundlich).

17. Kapitel
Vorläufiger Rechtsschutz im Zivilprozess

Der vorläufige Rechtsschutz ist in §§ 916-945 b geregelt. Er ermöglicht die Sicherung (oder Regelung) eines Anspruchs (oder Rechtsverhältnisses) in einem vorläufigen und beschleunigten Verfahren, wenn ein Zugriff im ordentlichen Verfahren nicht rechtzeitig möglich wäre. Derjenige, der das einstweilige Rechtsschutzverfahren betreibt, handelt jedoch mit erheblichem Risiko, da er sich bei unberechtigter Vollziehung gem. § 945 schadensersatzpflichtig macht (Gefährdungshaftung "als Ausgleich für die Eile!").

Zu unterscheiden ist der Arrest (§§ 916 ff.) von der einstweiligen Verfügung (§§ 935 ff.). Während der Arrest die künftige ZV wegen einer Geldforderung (oder eines Anspruchs, der in eine Geldforderung übergehen kann) sichert (§ 916 I), sichert die einstweilige Verfügung die künftige ZV wegen Ansprüche, die nicht auf Geld gerichtet sind (§§ 935, 940). Beide Rechtsbehelfe schließen einander daher grds. aus.

A. Der Arrest

Der Gesetzgeber hat den Arrest ausführlich in den §§ 916-934 geregelt. Die §§ 943-945 b gelten für beide Formen des vorläufigen Rechtsschutzes.

I. Voraussetzungen für den Erlass eines Arrestbefehls

Der Gläubiger muss in seinem Arrest**gesuch** (§ 920) schlüssig einen Arrest**anspruch** (§ 916) und einen Arrest**grund** (§§ 917, 918) darlegen und glaubhaft machen (§ 920 II).

1. Der Arrestanspruch

Es kommen – wie bereits gesagt – sämtliche Geldforderung oder Ansprüche, die in Geldforderungen übergehen können, in Betracht (§ 916); also alle Ansprüche die gem. §§ 803-882 vollstreckt werden. Der geforderte Geldbetrag (bzw. Geldwert) muss wegen § 923 genau bestimmt werden. Für die Zulässigkeit des Antrags genügt das bloße Behaupten des Anspruchs. In der Begründetheit ist dann zu prüfen, ob der Anspruch schlüssig dargelegt und glaubhaft gemacht worden ist.

Beachten Sie: Ein Anspruch auf Duldung der ZV (z.B. nach § 1147 BGB) ist einer Geldforderung gleichgestellt (vgl. § 592 S. 2).

2. Der Arrestgrund

Ein Arrestgrund liegt vor, wenn objektiv zu besorgen ist, dass ohne die Verhängung eines Arrests die künftige ZV wegen des Anspruchs vereitelt oder wesentlich erschwert werden würde (vgl. § 917 I). Es kommen insoweit alle nachteiligen Einwirkungen auf das Vermögen des Schuldners in Frage.

Bsp.: *Fluchtvorbereitungen, Verschwendungssucht und Belastung des Grundbesitzes in ungewöhnlichem Umfang;* ***nicht*** *jedoch die drohende Konkurrenz anderer Gläubiger oder die schlechte Vermögenslage des Schuldners. Grund: Es ist nicht Zweck des Arrests dem Gläubiger Vorrang vor anderen Gläubigern zu geben (BGH 131, 95 105).*

Die Frage, ob die schlüssige Darlegung des Arrestgrundes zur Begründetheit (so z.B. Zöller § 917 Rn. 3) oder wegen seines Wesens und seiner Funktion als eine Art besonderes Rechtsschutzbedürfnis zur Zulässigkeit gehört (so z.B. MüKo § 917 Rn. 1), kann in der Klausur offengelassen werden. Denn selbst wenn der Arrestgrund eine besondere Form des Rechtsschutzbedürfnisses sein sollte, kann der Antrag wegen Fehlens des Arrestanspruchs als (unbegründet) abgewiesen werden, ohne dass es zuvor der Feststellung des Arrestgrundes bedarf. Das RSB ist ja nur Voraussetzung für eine stattgebende, nicht aber für eine ablehnende Entscheidung (vgl. bereits ZPO I 12. Kap.).

3. Die Glaubhaftmachung des Arrestanspruchs und des Arrestgrundes

Der Gläubiger muss seinen Arrestanspruch und den Arrestgrund glaubhaft machen (§ 920 II); für den Fall einer mündlichen Verhandlung allerdings nur dann, wenn der Schuldner die arrestbegründenden Tatsachen bestreitet (§§ 138 III, 288). Er muss also (im Falle des Bestreitens) nicht den vollen Beweis führen (=richterliche Überzeugung), sondern lediglich dem Richter die Vorstellung der hinreichenden Wahrscheinlichkeit vermitteln. I.d.R. erfolgt die Glaubhaftmachung durch Vorlage einer eidesstattlichen Versicherung (§ 294). Andere Beweismittel sind in der mündlichen Verhandlung nur beachtlich, wenn es sich um sog. präsente Beweise handelt.

Beachten Sie: Die Beweiserleichterung der Glaubhaftmachung gilt nur für den Tatsachenvortrag; in rechtlicher Hinsicht ist die Prüfungsintensität dieselbe wie im normalen Erkenntnisverfahren.

II. Der Verfahrensablauf

Das Verfahren beginnt mit Einreichung des Arrestgesuchs bei dem nach Wahl des Gläubigers (§ 35) ausschließlich zuständigen Gericht der Hauptsache oder dem AG der belegenen Sache (§§ 919, 943 f., 802). Sofern ein Hauptverfahren noch nicht anhängig ist, ist nach allgemeinen Zuständigkeitsvorschriften zu prüfen, bei welchem Gericht die Sache anhängig gemacht werden kann. Das Gericht bestimmt dann (nach Bejahung der Zuständigkeit) nach freiem Ermessen, ob mit oder ohne mündliche Verhandlung zu entscheiden ist.

1. Entscheidung nach mündlicher Verhandlung durch Endurteil

Entschließt sich das Gericht dazu, aufgrund mündlicher Verhandlung zu entscheiden, so hat es in Form eines Endurteils (nach oben aufgezeigtem Schema, wobei selbstverständlich auch die allgemeinen Prozessvoraussetzungen im Rahmen der Zulässigkeit zu berücksichtigen sind) über den Arrestantrag zu befinden (§ 922 I S. 1). Dieses Urteil ist sowohl für den Gläubiger als auch für den Schuldner mit der Berufung angreifbar (§ 511; eine Revision ist allerdings gem. § 542 II danach nicht mehr möglich). Dem Schuldner stehen für den Fall, dass der beantragte Arrestbefehl erlassen wird, neben der Berufung noch die Rechtsbehelfe der §§ 926, 927 zur Verfügung (lesen!).

2. Entscheidung ohne mündliche Verhandlung durch Beschluss

Ohne mündliche Verhandlung entscheidet das Gericht durch Beschluss (§ 922 I S. 1).

a) Der Gläubiger kann diesen Beschluss mit der sofortigen Beschwerde innerhalb einer zweiwöchigen Notfrist angreifen, wenn sein Arrestgesuch zurückgewiesen worden ist (§§ 567, 569 I).

b) Der Schuldner hat die Möglichkeit gegen die Anordnung des Arrests Widerspruch nach § 924 zu erheben, über den das Gericht nach mündlicher Verhandlung durch Urteil zu entscheiden hat (§ 925). Dieses Urteil ist wiederum mit der Berufung angreifbar (Revision ist danach aber nicht mehr möglich: § 542 II!).

Merken Sie: Auch hier kann der Schuldner mit den besonderen Rechtsbehelfen der §§ 926, 927 die Aufhebung der Anordnung verfolgen.

III. Die Vollziehung des Arrests

Das provisorische Erkenntnisverfahren endet mit der Entscheidung über den Arrestbefehl. Ist dem Antrag stattgegeben worden, wird der Arrestbefehl (=Titel) in einem beschleunigten Vollstreckungsverfahren vollzogen. Es finden gem. **§ 928** auf die Vollziehung (=Vollstreckung) die Vorschriften über die ZV entsprechende Anwendung, soweit nicht in den §§ 929 ff. Abweichendes geregelt ist. Die in §§ 929 ff. geregelten Ausnahmen tragen den Besonderheiten des Verfahrens ("Überraschungseffekt") und dem Sicherungscharakter des Arrests Rechnung. Wie auch im "normalen" Vollstreckungsverfahren ist zwischen den Voraussetzungen und der Durchführung der Vollziehung zu unterscheiden.

a) Bei den **Voraussetzungen der Vollziehung** sind folgende Besonderheiten zu beachten:

- Eine Klauselerteilung ist (in Abweichung zu § 724) nur bei Titelumschreibung nach §§ 727 ff. erforderlich (§ 929 I).

- Der Arrest kann schon vor Zustellung des Arrestbefehls vollzogen werden (§ 929 III S. 1; Ausnahme zu § 750 I S. 1).
  In diesem Fall muss jedoch die Zustellung innerhalb einer Woche nach der Vollziehung und vor Ablauf der Vollziehungsfrist des § 929 II nachgeholt werden, andernfalls ist die Vollziehung wirkungslos (§ 929 III S. 2). Dies können der Schuldner und von der Vollziehung betroffene Dritte mit der Erinnerung (§ 766) geltend machen.

- Die Vollziehung des Arrests ist nur innerhalb eines Monats seit Verkündung (Urteil!) oder Zustellung (Beschluss!) des Arrestbefehls statthaft (§ 929 II). Grund: Es soll eine Vollstreckung nach Veränderung der Umstände und eine "Überrumpelung" des Schuldners verhindert werden. Zur Fristwahrung genügt es, wenn die bestimmte Vollstreckungsmaßnahme vom Gläubiger innerhalb der Frist beantragt worden ist (BGH 112, 356 f). Ein Verstoß kann mit der Erinnerung (§ 766) geltend gemacht werden.

b) Bei der **Durchführung der Vollziehung** muss zwischen dem dinglichen und dem subsidiären persönlichen Arrest unterschieden werden.

aa) Der **dingliche Arrest** (§ 917) richtet sich gegen das Vermögen des Schuldners. Er dient nur zur Sicherung des Anspruchs, nicht zur Befriedigung.

- Bewegliche Sachen werden daher nur gepfändet, nicht aber verwertet (§ 930 I S. 1 u. 2; Ausnahme: § 930 III).
- Forderungen werden auch nur gepfändet, nicht aber überwiesen (§ 930 I).
- Die Vollziehung des dinglichen Arrests bei Grundstücken erfolgt durch Eintragung einer Sicherungshypothek (§ 932); Zwangsversteigerung und Zwangsverwaltung sind nicht möglich.
  Die Pfändung (beweglicher Sachen und Forderungen) führt zur Verstrickung und lässt ein Arrestpfandrecht entstehen (§§ 932 I S. 2, 804). Erlangt der Gläubiger einen Titel in der Hauptsache, wird das Arrestpfandrecht zum "normalen" Pfändungspfandrecht, das den Rang des Arrestpfandrechts bekommt und zur Verwertung bzw. Überweisung berechtigt, wenn die allgemeinen Voraussetzungen der ZV vorliegen (h.M: Brox/Walker Rn. 1542).

bb) Der **persönliche Arrest** (§ 918, selten und nicht examensrelevant!) richtet sich gegen die Person des Schuldners; er führt zur Haft oder sonstigen Freiheitsbeschränkung des Schuldners (§ 933).

B. Die einstweilige Verfügung

Die Arrestvorschriften (§§ 916-934) sind auf die einstweilige Verfügung entsprechend anwendbar (§ 936), soweit die Sonderbestimmungen der §§ 937-942 nichts anderes regeln. Im Folgenden werden daher nur die Unterschiede zum Arrestverfahren dargestellt.

Beachten Sie aber, dass der Anwendungsbereich der einstweiligen Verfügung in der Praxis und im Examen bei weitem überwiegt.

I. Voraussetzungen für den Erlass einer einstweiligen Verfügung

Der Gläubiger muss in seinem **Antrag** (nicht Gesuch!) auf Erlass der einstweiligen Verfügung (vgl. § 937 II) schlüssig einen Verfügungsanspruch und einen Verfügungsgrund darlegen (§§ 935, 940, 940 a) und glaubhaft machen (§§ 936, 920 II).

Merken Sie: Das Gericht hat bei der Anordnung der notwendigen Maßnahmen in den Grenzen des § 308 I freie Hand (vgl. § 938). Eine präzise Fassung des Antrags ist daher – anders als im Arrestverfahren – nicht erforderlich, solange nur das Rechtsschutzziel ersichtlich bleibt.

1. Der Verfügungsanspruch

Es kommen sämtliche Ansprüche in Betracht, die nicht durch Arrest sicherbar sind; also grds. alle Ansprüche die gem. §§ 883-898 vollstreckt werden. Es sind dabei drei Arten von einstweiligen Verfügungen zu unterscheiden:

- Die **Sicherungsverfügung (§ 935)** dient der Sicherung eines Anspruchs auf eine nicht in Geld bestehende Individualleistung.

  Bsp.: *Anspruch auf Herausgabe von Sachen, auf Duldung der Benutzung eines Zufahrtweges, auf Übertragung von Rechten.*

- Die **Regelungsverfügung (§ 940)** dient der einstweiligen Regelung eines streitigen Rechtsverhältnisses.

  Bsp.: *Regelung von Grenz-, Besitz- und Mietstreitigkeiten; vorläufige Entziehung der Geschäftsführungs- und Vertretungsbefugnis eines Gesellschafters.*

- Es kann im Einzelfall zu Überschneidungen mit § 935 kommen. Eine genaue Abgrenzung ist dann entbehrlich, da das Verfahren in beiden Fällen gleich ist. Die Praxis wendet die §§ 935, 940 nebeneinander an.

- Die **Leistungsverfügung (§ 940 analog)** wird in Anlehnung an die §§ 246, 247, 248 FamFG, § 940 a in engen Ausnahmefällen zugelassen, obwohl sie – was dem vorläufigen Rechtsschutz an sich fremd ist – jedenfalls zu einer teilweisen "vorläufigen" Erfüllung und damit zu einer Vorwegnahme der Hauptsache führt. Insbesondere an den Verfügungsgrund und an die Glaubhaftmachung sind strenge Anforderungen zu stellen (s. dazu u.), da eine Rückforderung i.d.R. aussichtslos ist. Verfügungsanspruch kann bei der Leistungsverfügung im Prinzip jeder materielle Anspruch sein, auch wenn er auf Geld gerichtet ist. Der Arrest genießt hier ausnahmsweise keinen Vorrang, da er lediglich auf Sicherung und nicht wie die Leistungsverfügung auf Befriedigung eines Geldanspruchs gerichtet ist.

2. Der Verfügungsgrund

Ein Verfügungsgrund besteht

- bei der **Sicherungsverfügung**, wenn zu besorgen ist, dass durch eine Veränderung des bestehenden Zustandes die Rechtsverwirklichung vereitelt oder wesentlich erschwert werden könnte (vgl. § 935). Es müsste also eine Entscheidung im ordentlichen Erkenntnisverfahren nicht rechtzeitig zu erreichen sein.

  Bsp.: *Drohende Beschädigung oder Veräußerung einer Sache, auf die der Gläubiger meint, einen Anspruch zu haben.*

> **Beachten Sie**, dass der Verfügungsgrund in den Fällen der §§ 885 I S. 2, 899 II BGB unwiderlegbar vermutet wird. Denn in diesen Fällen besteht immer die Gefahr des gutgläubigen Erwerbs gem. § 892 BGB (Brox/Walker Rn. 1581).

- bei der **Regelungsverfügung**, wenn eine Regelung zur Abwendung wesentlicher Nachteile oder zur Verhinderung drohender Gewalt oder aus anderen Gründen nötig erscheint (vgl. § 940).

- bei der **Leistungsverfügung** grds. nur, wenn sich der Gläubiger in einer besonderen Notlage befindet (Existenzgefährdung!) oder die einstweilige Verfügung zur Vermeidung eines unverhältnismäßig hohen Vermögensschadens erforderlich ist.

  Bsp.: *Einstweilige Verfügung auf notwendigen Lebensunterhalt i.d.R. aber nur zeitlich auf max. 6 Monate beschränkt wegen der Aussichtlosigkeit der Rückforderung (beachte die vorrangigen Sonderbestimmungen der §§ 246 ff. FamFG), eV auf Lieferung von Strom, Ausnahme: Bei der eV auf Rückgabe von durch verbotene Eigenmacht erlangten Gegenständen (gem. § 861 BGB) ist nach ü.A. kein besonderer Verfügungsgrund erforderlich. Denn der Gesetzgeber hat in § 863 BGB zum Ausdruck gebracht, dass er die Durchsetzung von possessorischen Besitzschutzansprüchen für besonders eilbedürftig hält, ohne dass es einer Notlage bedarf (Brox/Walker Rn. 1623).*

> **Merken Sie:** Auch beim Verfügungsgrund besteht (selbstverständlich) der Streit, ob seine schlüssige Darlegung und Glaubhaftmachung bereits Zulässigkeitsvoraussetzung ist (s.o. A I 2).

3. Zur **Glaubhaftmachung** des Verfügungsanspruchs und des Verfügungsgrundes gilt das im Rahmen des Arrests Gesagte entsprechend (§§ 936, 920 II).

II. Der Verfahrensablauf

Grds. ist ausschließlich das Gericht der Hauptsache zuständig (§§ 937 I, 943, 802) und nur ausnahmsweise – nicht wie beim Arrest wahlweise – das Amtsgericht der belegenen Sache (§§ 942, 802). Das Gesetz sieht an sich vor, dass das Gericht – anders als im Arrestverfahren – grds. aufgrund mündlicher Verhandlung durch Urteil und nur in dringenden Fällen ohne mündliche Verhandlung durch Beschluss entscheidet (§ 937 II). In der Praxis wird allerdings i.d.R. durch Beschluss entschieden. Zur Angreifbarkeit der gerichtlichen Entscheidung gilt das gleiche wie beim Arrest.

III. Die Vollziehung der einstweiligen Verfügung

Die Vollziehung hängt maßgeblich vom Inhalt des Tenors ab. Denn das Gericht bestimmt nach freiem Ermessen, welche Anordnungen zur Erreichung des Zwecks erforderlich sind (§ 938 I). Ansonsten gilt das Gleiche wie bei der Arrestvollziehung (§§ 936, 928). Die Vollziehung darf also grds. nur zu einer Sicherung, nicht aber zur Befriedigung führen (Ausnahme: Leistungsverfügung).

C. Rubrum und Tenor (für Referendare!)

In der zivilgerichtlichen Assessorklausur wird der Kandidat, der sich mit dem einstweiligen Rechtsschutz auseinander zu setzen hat, i.d.R. ein Urteil anzufertigen haben. Sei es, weil das Gericht von vornherein die mündliche Verhandlung angeordnet (§§ 922 I S. 1, 936), der Schuldner gegen die durch Beschluss gefällte Entscheidung des Gerichts Widerspruch eingelegt (§§ 924, 925, 936) oder aber der Gläubiger den Rechtmäßigkeitsantrag nach Maßgabe des § 942 I gestellt hat.

I. Rubrum

Das Urteil ist nach den allgemeinen Grundsätzen unter Berücksichtigung, dass es sich um ein einstweiliges Verfügungs-/Arrestverfahren handelt, aufzubauen. Die **Überschrift** muss daher lauten: **"In dem einstweiligen Verfügungs-/Arrestverfahren"**. Die **Parteien** sollten als **"Antragsteller" und "Antragsgegner**" bezeichnet werden. (Die Bezeichnung "Verfügungs-/Arrestkläger" und "Verfügungs-/Arrestbeklagter" ist auch möglich. Ein fester Gerichtsgebrauch besteht insoweit nicht.)

II. Tenorierung (für Referendare!)

1. Beim **Hauptausspruch** ist danach zu unterscheiden, ob das Gericht von vornherein die mündliche Verhandlung angeordnet hat (§§ 922 I S. 1, 936) oder ob die Entscheidung im Widerspruchs- (§§ 924, 925, 936) bzw. Rechtmäßigkeitsverfahren (§ 942 I) ergeht.

a) Bei einer **Entscheidung aufgrund angeordneter mündlicher Verhandlung** (§§ 922 I S. 1, 936) können sich folgende drei Konstellationen ergeben:

- Der **Antrag hat Erfolg**: "Der dingliche Arrest in das Vermögen des Antragsgegners wird wegen eines Anspruchs des Antragstellers aus dem ... Vertrag vom ... i.H.v. ... angeordnet. Durch Hinterlegung von ... wird die Vollziehung des Arrests gehemmt." (Lösungssumme, § 923!). Im Falle der einstweiligen Verfügung ordnet das Gericht gem. § 938 I die zur Erreichung des erstrebten Ziels erforderliche Maßnahme an.
- Der **Antrag hat lediglich teilweisen Erfolg**: Es hat Abweisung im übrigen zu erfolgen.
- Der **Antrag hat keinen Erfolg**: Der Antrag ist abzuweisen (Beachte: Für den Fall, dass ohne mündliche Verhandlung durch Beschluss entschieden wird, ist der Antrag zurückzuweisen, vgl. §§ 922 III, 936).

b) Bei einer **Entscheidung im Widerspruchs- bzw. Rechtmäßigkeitsverfahren** ist zu bedenken, dass bereits eine einstweilige Verfügung/ein Arrest vorliegt. Es ist dann wie folgt zu tenorieren:

- Bei **Erfolg**: "Die einstweilige Verfügung/der Arrest vom ... wird bestätigt."
- Bei **teilweisem Erfolg**: "Die einstweilige Verfügung/der Arrest vom ... wird insoweit bestätigt, als dass ... Im übrigen wird die einstweilige Verfügung/der Arrest aufgehoben und der Antrag auf Erlass einer einstweiligen Verfügung/eines Arrests zurückgewiesen."
- Bei **Misserfolg**: "Die einstweilige Verfügung/der Arrest vom ... wird aufgehoben und der Antrag auf Erlass einer einstweiligen Verfügung/eines Arrests abgewiesen."

2. **Kostenentscheidung** (§§ 91 ff.): Ausnahmsweise heißt es hier: "Die Kosten des **Verfahrens** trägt der Antragsteller/Antragsgegner." Bei Bestätigung der einstweiligen Verfügung/des Arrests: "Die **weiteren** Kosten des Verfahrens trägt der Antragsgegner."

3. Vorläufige Vollstreckbarkeit:

a) Ein **Urteil, das eine einstweilige Verfügung/ein Arrest erlässt oder bestätigt,** erschöpft sich im Hauptausspruch und in der Kostengrundentscheidung. Einer Anordnung der vorläufigen Vollstreckbarkeit bedarf es nicht, da eine einstweilige Verfügung/ein Arrest kraft Natur des Eilverfahrens sofort vollziehbar ist (ggf. erfolgen aber Anordnungen gem. §§ 921, 936).

b) Für **abweisende Urteile** gelten §§ 708 Nr. 6, 711 S. 1. Bei der Berechnung des Vollstreckungsnachlasses ist zu beachten, dass der Gebührenstreitwert des Verfügungsverfahrens etwa auf 1/3 - 1/2 des entsprechenden Wertes der Hauptsache anzusetzen ist. (Merke: Abweisender Beschluss ist ohne Anordnung sogleich vollstreckbar, § 794 I Nr. 3!)

Schaubild Nr. 1: Das Gesamtsystem des Zwangsvollstreckungsrechts auf einen Blick

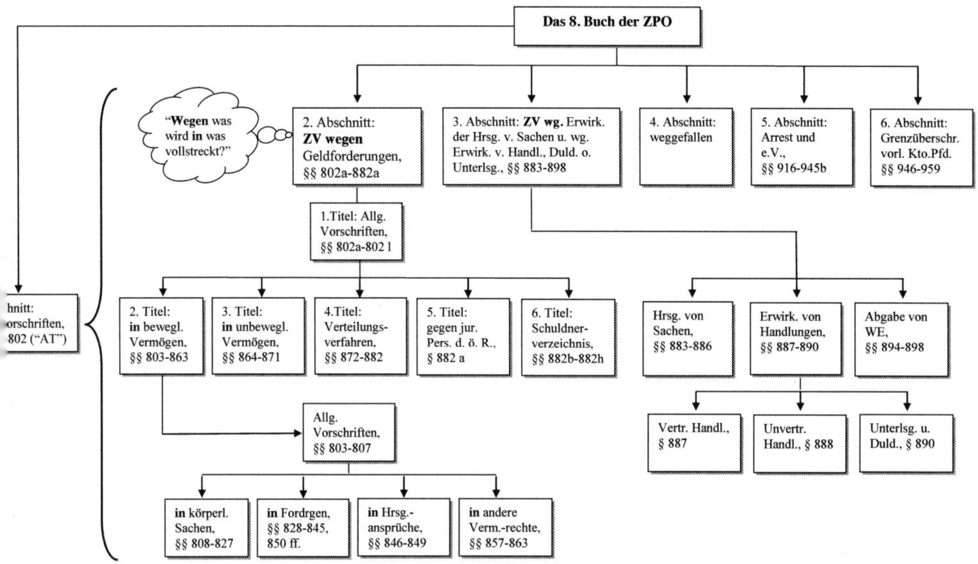

Schaubild Nr. 2: Die Voraussetzungen einer jeden Zwangsvollstreckung

I. Die **ZV-Voraussetzungen** (=Prüfung**, ob** überhaupt vollstreckt werden darf)

1. **Allgemeine** Vollstreckungsvoraussetzungen
(4 Grundvoraussetzungen)

Antrag an das zuständige Vollstreckungsorgan

Titel (**wichtigste**):

- Endurteile, § 704
- Titel des § 794 I
- Arrest u. eV, §§ 922, 936
- Zuschlagsbeschluss in Zwangsverst., §§ 93, 132 ZVG
- Eintragung in InsO-Tabelle, § 201 II InsO

Klausel, §§ 724 ff.:

IdR **entbehrl.** bei
- VB, § 796 I
- Arrest u. eV, §§ 929 I, 936
- Kostenfestsetzungsb., §§ 105, 795 a

Zustellung, § 750:

Entbehrlich bei
- Arrest u. eV, §§ 929 III, 936
- Vorpfd., § 845 II

Wartefrist bei
- Sichrgs.vollstr., §§ 750 III, 720 a
- Beschl., § 798

2. **Besondere** Vollstreckungsvoraussetzungen
(aus dem "Tenor" ersichtlich)

- Eintritt eines Kalendertages, § 751 I
- Nachweis der Sicherheitslstg., § 751 II
Ausn: Sichrgs.vollstr., § 720 a
- Angebot der Gegenleistung, §§ 756, 765

3. **Keine Vollstreckungshindernisse**
(nur bei Einwand o. sonstiger dienstlicher Kenntnis)

- Eröffnung d. InsO-Verf., § 89 I InsO
- Beschränkung o. Einstellung der ZV nach §§ 775, 776
- Vollstreckungsbeschränkende Verträge

II. Die **Durchführung** der konkreten Vollstreckungsmaßnahme (=Prüfung, **wie** vollstreckt worden ist)

Schaubild Nr. 3 (Teil A): Die verschiedenen Vollstreckungsarten

A. Die **ZV wegen** Geldforderungen (§§ 802a-882a)

in

I. das **bewegliche Vermögen** (§§ 803-863)

1. körperliche Sachen (§§ 808-827)

Pfändung (durch GV):
- Inbesitznahme (§ 808)
- Protokollierung (§ 826)

Verwertung (grds. durch GV):
- öffentliche Versteigerung (§§ 814 ff.)
- Ablieferung von Geld (§ 815 I)
- andere Verwertungsart (§ 825)

2. Geldforderungen des Schuldners vs. einen Drittschuldner (§§ 828-845)

Pfändung (durch VollstrG):
- Pfändungsbeschluss (§ 829)

Verwertung (durch VollstrG):
- Überweisungsbeschluss (§ 835)
- andere Art der Verwertung (§ 844)

3. Herausgabeansprüche des Schuldners vs. einen Drittschuldner (§§ 846-849)

Pfändung (durch VollstrG):
- PfB (§§ 846, 829) u. Anordnung der Hrsg. der Sache an GV bei bewegl Sache (§ 847 I)/an Sequester bei unbewegl. Sache (§ 848 I).

Verwertung (durch GV/VollstrG/Zwangsverw.)
- ö. Verst. bei bewegl. Sachen (§§ 847 II, 814 ff.)
- nach ZVG bei unbewegl. Sachen (§ 848 III, (s.u.)

4. andere Vermögensrechte (§§ 857-863)

Pfändung (durch VollstrG):
- Pfändungsbeschluss (§§ 857 I, 829)

Verwertung (durch VollstrG):
- Überweisungsbeschluss (§§ 857 I, 835)
- andere Art der Verwertung (§ 844)
- besondere Anordnungen (§ 857 IV u. V)

II. das **unbewegliche** Vermögen (§§ 864-871, ZVG)

Nach Wahl des Gläubigers durch (§ 866 I u. II)

Zwangsversteigerung

Anordnung der Zwangsverst. (§ 15 ZVG) ⟷ Versteigerung durch VollstrG (§ 35 ZVG)

oder

Zwangsverwaltung

Anordnung der Zwangsverw. (§ 146 I ZVG) ⟷ Verw. durch vom VollstrG bestellten Verwalter

oder

Zwangshypothek

→ Eintragung durch das Grundbuchamt (§ 867)

Schaubild Nr. 3 (Teil B): Die verschiedenen Vollstreckungsarten

B. Die **ZV wegen** anderer Ansprüche als Geldforderungen (§§ 883-898)

wegen

I. **Herausgabe** von Sachen (§§ 883-886)

1. Bei **beweglichen** Sachen:

- Befindet sich die Sache im **Gewahrsam des Schuldners** o. eines zur Hrsg. bereiten Dritten, nimmt der GV die Sache weg u. übergibt sie dem Gl. (§ 883 I).

- Befindet sich die Sache bei einem nicht. zur Hrsg bereiten Dritten, wird der Herausgabeanspruch des Schuldners gepfändet u. dem Gl. überwiesen (§§ 886, 829 ff.).

2. Bei **unbeweglichen** Sachen:

- Bei Schuldnergewahrsam oder Gewahrsam eines herausgabebereiten Dritten, setzt der GV den Sch/Dritten aus dem Besitz u. weist den Gl. ein (§ 885 I).

- Wie bei bewegl. Sachen (§§ 886, 829 ff.)

II. **Handlungen, Duldungen und Unterlassungen** (§§ 887-893)

1. **Vertretbare Handlung**: Der Gl. wird vom Prozessgericht erster Instanz dazu ermächtigt, die Handlung auf Kosten des Schuldners vornehmen zu lassen (§ 887).

2. **Unvertretbare Handlung**: Das Prozessgericht erster Instanz hält den Schuldner zur Vornahme der Handlung durch Zwangsgeld/Zwangshaft an (§ 888 I).

3. **Duldungen u. Unterlassungen**: Bei jeder schuldhaften Zuwiderhandlung verhängt das Prozessgericht erster Instanz ein Ordnungsgeld/Ordnungshaft (§ 890).

III. Abgabe einer **Willenserklärung** (§§ 894-898)

Mit Eintritt der Rechtskraft des Urteils wird die Abgabe der Willenserklärung fingiert (§ 894 I).

Schaubild Nr. 4: Das Pfändungspfandrecht

I. Entstehungsvoraussetzungen

1. Wirksame Verstrickung, d.h. nicht nichtige Pfändung
2. Zusätzliche Voraussetzungen (str.)

öffentl.-rechtl. Th.

Keine weiteren Erfordernisse, da das Pfändungspfandrecht rein öffentlichrechtl. Natur ist.

private Th. / **gemischte Th.**

- Wesentliche Vollstreckungsvorauss.
- Bestehen der zu vollstreckenden Forderung bzw. rechtskräftige Feststellung der Forderung
- Pfandobjekt gehört zum Schuldnervermögen (Wenn dies nicht der Fall ist, scheidet ein gutgläubiger Erwerb aus, da § 1207 BGB nur beim rechtsgeschäftlichen Erwerb anwendbar ist).

II. Erlöschensgründe

1. Beendigung der Verstrickung
2. Weitere Erlöschensgründe (str.)

öffentl.-rechtl. Th.

Keine weiteren Erlöschensgründe.

private Th. / **gemischte Th.**

- analog § 1252 BGB
- analog § 1253 BGB
- analog § 1255 BGB

Schaubild Nr. 5 (Teil A): Vorläufiger Rechtsschutz im Zivilprozess

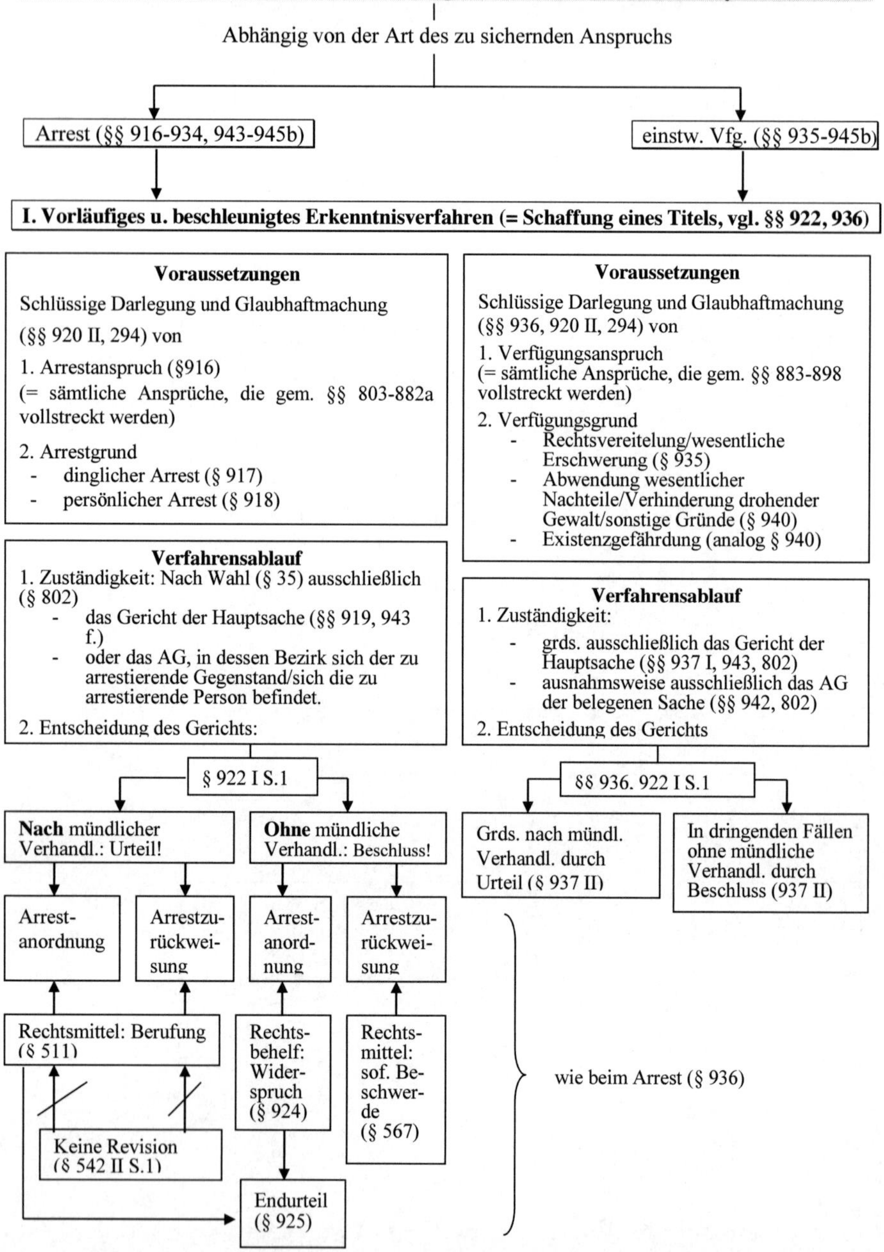

Beachte die besonderen Rechtsbehelfe des Schuldners nach §§ 926, 927 im Falle der Anordnung des Arrests/des Erlasses der einstweiligen Verfügung sowie die Möglichkeit, vorbeugend eine Schutzschrift einzulegen, §§ 945a f.!

Schaubild Nr. 5 (Teil B): Vorläufiger Rechtsschutz im Zivilprozess

II. Zwangsvollstreckungsverfahren (= Vollziehung des Titels)

Auf die Vollziehung (= Vollstreckung) finden gem. § 928 die Vorschriften der ZV entsprechende Anwendung, soweit nicht in den §§ 929 ff. Abweichendes geregelt ist (bei der einstweiligen Verfügung i.V.m. § 936).

1. Voraussetzungen der Vollziehung

- Klauselerteilung ist (in Abweichung zu § 724) nur bei Titelumschreibung nach § 727 ff. erforderlich (§ 929 I/§§ 936, 929 I).

- Vor Zustellung kann der Arrestbefehl/die einstweilige Verfügung (in Abweichung zu § 750 I S. 1) vollzogen werden (§ 929 III S. 1/§§ 936, 929 III S. 1). Beachte aber § 929 III S. 2!

- Die Vollziehung des Arrestbefehls/der einstweiligen Verfügung ist nur innerhalb eines Monats seit Verkündung oder Zustellung statthaft (§ 929 II/§§ 936, 929 II).

2. Durchführung der Vollziehung

dingl. Arrest (§ 917)

-Bewegliches Vermögen (§§ 803-863) wird nur gepfändet u. nicht auch verwertet (§ 930 I S.1 u. 2; Ausnahme: § 930 III).

-Bei Grundstücken wird eine Sicherungshypothek eingetragen (§ 932).

persönl. Arrest (§ 918)

Haft oder sonstige Freiheitsbeschränkung des Schuldners (§ 933)

2. Durchführung der Vollziehung

einstweilige Verfügung

Die Vollziehung hängt maßgeblich vom Inhalt des Tenors ab. Denn das Gericht bestimmt nach freiem Ermessen, welche Anordnungen zur Erreichung des Zwecks erforderlich sind (§ 938 I). Ansonsten gilt das Gleiche wie bei der Arrestvollziehung (§§ 936, 928).

Stichwortverzeichnis

Außerdem erschienen im Richter Verlag

25 Fälle

- Band 1 BGB- Allgemeiner Teil
- Band 2 Klausurentraining Schuldrecht
- Band 3 Sachenrecht
- Band 4 Verwaltungsrecht
- Band 5 Strafrecht AT
- Band 6 Strafrecht BT
- Band 7 Staatsorganisationsrecht
- Band 8 Grundrechte

Streitstände *kompakt*

Band 1 Strafrecht AT
Band 2 Strafrecht BT
Band 3 BGB AT / Schuldrecht AT
Band 4 BGB Schuldrecht BT
Band 5 BGB Sachenrecht
Band 6 Verwaltungsrecht
Band 7 Staatsrecht

sowie

60 GRUNDFÄLLE zum SCHULDRECHT
Grundkurs Insolvenzrecht

WIRTSCHFTSWISSENSCHAFTLICHE GRUNDKURSE

- Makroökonomik
- Mikroökonomik
- Finanzierung
- Kostenrechnung
- Buchführung
- Übungsbücher
  Kostenrechnung
  Makroökonomik
  Mikroökonomik